GRAT 2L

edition suhrkamp

Redaktion: Günther Busch

Die Kenntnis der Entstehung und der Wirkungsgeschichte eines literarischen Werkes kann helfen, das Werk selbst und seine Intention zu verstehen. Dieser Band möchte zum Verständnis eines literarischen Werkes, Brechts *Mutter Courage und ihre Kinder*, beitragen; er vereinigt Äußerungen des Autors, darunter die wichtigen Texte *Couragemodell 1949* und *Bemerkungen zu einzelnen Szenen*, Auskünfte von Mitarbeitern, kritische Analysen und Bibliographien. Brecht hat das Stück wiederholt verändert, es immer wieder geprüft und an den Forderungen der Theaterpraxis gemessen. Der Materialienband versucht, den Prozeß dieser Veränderung wiederzugeben und einige seiner Folgen zu erklären.

Materialien zu Brechts ›Mutter Courage und ihre Kinder‹

Suhrkamp Verlag

Zusammengestellt von Werner Hecht

edition suhrkamp 50
13. Auflage, 146.-148. Tausend 1981
 Satz in Linotype Garamond, Druck und Bindung bei Georg Wagner, Nördlingen. Gesamtausstattung Willy Fleckhaus.

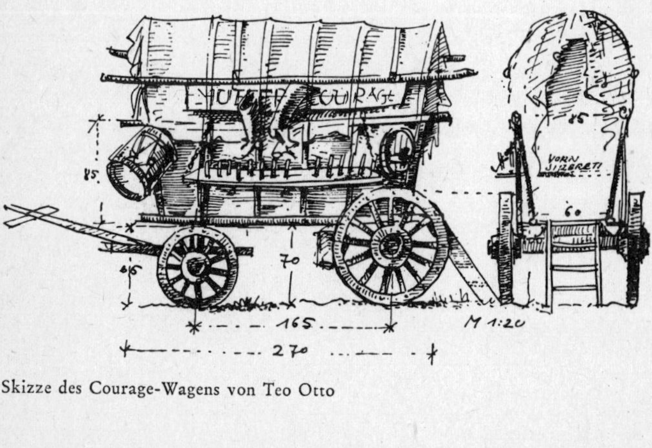

Skizze des Courage-Wagens von Teo Otto

Bertolt Brecht über ›Mutter Courage und ihre Kinder‹

Die Fabel

DRAMATURGISCHE KURVE

1

Betonung des Anfangscharakters der Szene. Professionelles Marketendertum der Courage und der neue Krieg als neues Unternehmen gewohnter Art. (Es beginnt und es geht weiter; es beginnt, indem es weitergeht.) Nötig: Auftrieb, Unternehmungslust, eine neue Zeit wird erwartet, neue Geschäfte kündigen sich an, zugleich neue Gefahren. Sie erhofft und fürchtet den Krieg. Sie will sich beteiligen, aber nur friedlich geschäftlich, nicht kriegerisch. Sie will ihre Familie erhalten durch den Krieg und im Krieg. Sie will der Armee dienen und sich vor ihr retten.

Zu den Kindern: Beim ersten Sohn fürchtet sie seine Kühnheit, zählt auf seine Klugheit. Beim zweiten Sohn fürchtet sie seine Dummheit und zählt auf seine Ehrlichkeit. Bei der Tochter fürchtet sie ihr Mitleid und zählt auf ihre Stummheit. Nur ihre Befürchtungen werden sich als berechtigt erweisen.

Sie erhofft sich Geschäfte, sie wird bankrott gehen.

Das Stück beginnt mit dem Auftreten (das heißt Warten) der Kriegsleute. Die große Unordnung Krieg beginnt mit der Ordnung, die große Desorganisation mit der Organisation.

Die friedliche Gegend und die Eisenmänner. Die Courage kommt zu viert, geht zu dritt.

2
Der Krieg als geschäftliches Idyll. Die Courage betrügt Bauersleute um einen Kapaun, ihr ältester Sohn raubt Bauersleuten Ochsen. Er gewinnt Ruhm und Gut, sie profitiert davon. Sie brandschatzt auch die Armee ein wenig. Die Gefahr für den Sohn wird realer.

3
Daß sie in Gefangenschaft gerät, braucht geschäftlich keinen Nachteil zu bringen. Anscheinend hatte sie nichts dagegen, daß der zweite Sohn als Zahlmeister zur Armee ging. Sie hält bei ihm nur Ehrlichkeit für nötig. Diese bringt ihn um. Wäre er mit der Armee nicht verbunden gewesen, wäre er nicht umgekommen. Ihr hartnäckiges Feilschen um ihren Wagen kostet dem Sohn den Hals. Ihre Tochter hält sie zurück von der Hurenlaufbahn (nur die stünde ihr im Krieg offen), welche der Pottier Glück bringen wird. Übrigens ist sie keine Antigone.

4
Die Courage erstickt ihre menschlichen Reaktionen (jede Art Aufruhr, Aufbegehren, Kritik) des Geschäftes wegen. Sie verspricht sich etwas von der Kapitulation.

5
Zu Zeiten überrennen menschliche Reaktionen die geschäftlichen Prinzipien doch. Der Sieg des Feldhauptmanns führt zu finanziellen Verlusten.

6
Das Geschäft, das der Tochter (für den Frieden) die Aussteuer bringen soll, bringt ihr die Verunstaltung im Krieg. Spekulation auf die Dauer des Krieges, die finanziell günstig ist, für die Tochter jedoch Ehelosigkeit bedeutet. Am Schluß verflucht sie erstmalig den Krieg, den sie geschäftlich wünschen muß.

7
Der Frieden ist schön, auch wenn er ruinös ist. Durch den Frieden bekommt sie ihren Sohn nicht zurück, sondern verliert ihn endgültig. Für die Tochter kommt der Frieden zu spät. Der Sohn fällt, weil er die Prinzipien des Krieges im Frieden anwandte. Die einstige Lagerhure Yvette Pottier hat durch den Krieg Karriere gemacht und ist Obristin geworden. Der Krieg beginnt wieder, wird auch das Geschäft wieder beginnen?

8
Es geht abwärts mit dem Geschäft. Der Krieg ist zu lang. Überall Desorganisation, Unordnung. Die Courage verflucht in einem Lied (als Bettlerin) alle Tugenden als nicht nur unverwertbar, sondern sogar schädlich. Ihrer Tochter wegen muß sie den Koch aufgeben, der ihr ein Obdach bieten könnte. So kann sie nicht aus dem Krieg herauskommen. Mitleid mit der Tochter hält sie im Krieg.

9
Die Tochter geht unter durch ihr Mitleid mit fremden Kindern. Die Courage zieht weiter ihren geleerten Wagen, allein, dem verlumpten Heer folgend.

Das Modellbuch
Anmerkungen zur Aufführung 1949

[DIE WELT BRAUCHT FRIEDEN]

1
Mutter Courage und ihre Kinder zeigt, daß die kleinen Leute vom Krieg nichts erhoffen können (im Gegensatz zu den Mächtigen). Die kleinen Leute bezahlen die Niederlagen und die Siege.

2

Ich war erfreut, schon einen Tag nach meiner Rückkehr in Berlin, der Stadt, von der einer der furchtbarsten Kriege ausgegangen ist, einer Kundgebung der Intellektuellen für den Frieden beiwohnen zu können. Der Anblick der ungeheuerlichen Verwüstungen erfüllt mich nur mit einem Wunsch: auf meine Weise dazu beizutragen, daß die Welt endlich Frieden bekommt. Sie wird unbewohnbar ohne Frieden.

25. Oktober 1948

ANMERKUNGEN ZUR AUFFÜHRUNG 1949

Modelle

Wenn in unsern Ruinenstädten nach dem großen Krieg das Leben weitergeht, so ist es ein anderes Leben, das Leben anderer oder wenigstens anders zusammengesetzter Gruppen und gehemmt und geleitet von der neuen Umgebung, an der neu die Zerstörtheit ist. Wo die großen Schutthaufen liegen, liegen auch die wertvollen Unterbauten, die Kanalisation und das Gas- und Elektrizitätsnetz. Selbst das unversehrte große Gebäude ist durch das Halbzerstörte und das Geröll, zwischen denen es steht, in Mitleidenschaft gezogen und unter Umständen ein Hindernis der Planung. Provisorisches muß gebaut werden, und die Gefahr besteht, es bleibt. Die Kunst spiegelt all dies wider; Denkweisen sind Teil der Lebensweisen. Was das Theater betrifft, werfen wir in den Bruch hinein die Modelle. Sie werden sogleich heftig bekämpft von den Verfechtern des Alten, der Routine, die als Erfahrung, und der Konvention, die als freies Schöpfertum auftritt. Und sie werden gefährdet von den Übernehmern, die nicht gelernt haben, sie zu handhaben. Gedacht als Erleichterungen, sind sie nicht leicht zu handhaben. Sie sind auch nicht gemacht, das Denken zu ersparen, sondern es anzuregen; nicht gemacht, das künstlerische Schaffen zu ersetzen, sondern es zu erzwingen.

Zunächst muß man sich ja auch nur vorstellen, die im Buch gegebenen Aufschlüsse über bestimmte Ereignisse, hier die Abenteuer und Verluste der Mutter Courage, seien noch etwas vervollständigt worden; man habe auch noch in Erfahrung gebracht, daß die Frau neben ihrer stummen Tochter gesessen sei, als man ihren toten Sohn vor sie brachte und so weiter – Aufschlüsse, die etwa ein Maler durch Befragung von Augenzeugen für seine Komposition eines historischen Vorgangs bekommen kann. Danach kann er dies oder das immer noch verändern, wie es ihm aus diesem oder jenem Grund rätlich erscheinen mag. Bevor ein sehr hoher Stand lebendigen und geistreichen Kopierens – und Herstellens – von Modellen erreicht ist, sollte man nicht zu vieles kopieren. Die Maske des Kochs, die Kleidung der Courage und derlei muß man nicht nachahmen. Man muß das Modell nicht zu sehr pressen.

Die Bilder und die Beschreibungen einer Aufführung ergeben noch nicht genug. Wenn man liest, daß eine Figur nach einem Satz da- oder dorthin geht, weiß man nicht eben viel, selbst wenn der Tonfall des Satzes, die Art des Ganges und eine gute Begründung gegeben werden kann – was sehr schwer ist. Die zur Nachahmung bereiten Menschen sind andere als die des Musters; es wäre mit ihnen nicht entstanden. Alle, die den Titel Künstler verdienen, sind Einmalige, stellen das Allgemeine in einer besonderen Weise dar. Sie können weder völlig nachgeahmt werden noch völlig nachahmen. Auch ist es nicht so wichtig, daß Künstler Kunst nachahmen, als daß sie Leben nachahmen. Modelle zu benutzen ist so eine eigene Kunst; soundso viel davon ist zu erlernen. Weder die Absicht, die Vorlage genau zu treffen, noch die Absicht, sie schnell zu verlassen, ist das richtige.

Bei dem Studium des Folgenden, einer Anzahl von Erörterungen und Erfindungen beim Proben eines Stücks, sollte man angesichts gewisser Lösungen von Problemen hauptsächlich der Probleme ansichtig werden.

Musik

Die Musik Paul Dessaus zur Courage ist nicht hauptsächlich eingängig; wie beim Bühnenbau war auch bei ihr dem Publikum etwas zu tun übriggelassen: das Ohr hatte die Stimmen und die Weise zu vereinigen. Die Kunst ist kein Schlaraffenland. Um zum Musikalischen umzuschalten, der Musik das Wort zu erteilen, ließen wir jedesmal, wenn ein Lied kam, das nicht unmittelbar aus der Handlung herauskam oder, aus ihr herausgekommen, deutlich außen blieb, vom Schnürboden ein Musikemblem herunter, bestehend aus Trompete, Trommel, Fahnentuch und Lampenbällen, welche aufleuchteten. Ein zartes und leichtes Ding, schön anzuschauen, auch wenn es in der 9. Szene zerschlissen und zerstört war. Es erschien einigen als bloße Spielerei und als ein unrealistisches Element. Aber einerseits sollte man gegen das Spielerische, solange es nicht alles überwuchert, nicht allzu streng auf dem Theater verfahren, andrerseits war es insofern nicht einfach unrealistisch, als es die Musik aus der realen Handlung heraushob; es diente uns dazu, den Wechsel zu einer andern ästhetischen Ebene, der musikalischen, sichtbar zu machen, so daß nicht der falsche Eindruck entstand, die Lieder »wüchsen aus der Handlung heraus«, sondern der richtige Eindruck, sie seien Einlagen. Die dagegen sind, sind einfach gegen das Sprunghafte, »Unorganische«, Montierte, hauptsächlich weil sie gegen die Zerreißung der Illusion sind. Sie müßten nicht gegen das Musikzeichen protestieren, sondern gegen die Art, wie die Musikstücke in das Stück eingebaut sind, eben als Einlagen.

Die Musiker waren sichtbar in einer Loge neben der Bühne untergebracht – welche Position ihre Darbietungen zu kleinen Konzerten machte, selbständigen Beiträgen an passenden Stel-

len des Stücks. Die Loge hatte Verbindung mit der Hinterbühne, so daß gelegentlich, für Signale oder wenn in der Handlung selbst Musik vorkam, einige Musiker nach hinten gehen konnten.
Wir begannen mit der Ouvertüre, welche etwas dürftig, da nur von vier Musikern gemacht, aber nicht unfeierlich auf die Wirren der Kriegszeit vorbereitete.

Bühnenbau

Wir benutzten für die hier beschriebene Berliner Aufführung am Deutschen Theater das berühmte Modell, das Teo Otto in den Kriegsjahren für das Züricher Schauspielhaus entworfen hatte. Das Modell verwendete für einen stehenden Rahmen, bestehend aus großen Schirmen, die Materialien der Kriegslager des siebzehnten Jahrhunderts: Zeltleinwand, mit Stricken zusammengehaltene Holzbalken und so weiter. Baulichkeiten wie Pfarrhof und Bauernhaus wurden plastisch hereingestellt, realistisch nach Bauart und Baumaterial, aber in künstlerischer Andeutung stets nur so viel davon, wie dem Spiel dienlich war. Auf dem Rundhorizont standen farbige Projektionen, und für die Fahrten wurde die Drehscheibe benutzt. – Wir veränderten Größe und Stellung der Schirme und benutzten sie nur in den Lagerszenen, so daß diese von den Landstraßenszenen getrennt waren. Die Baulichkeiten (2, 4, 5, 9, 10, 11) gestaltete der Berliner Bühnenbauer frei, das Prinzip beibehaltend. Auf Hintergrundprojektionen, wie in Zürich, verzichteten wir und hängten die Ländernamen in großen schwarzen Buchstaben über die Szenen. Wir verwendeten gleichmäßiges, ungefärbtes Licht und so viel davon, wie die Apparate hergaben. Dadurch beseitigten wir den Rest von »Atmosphäre«, welche die Vorgänge leicht romantisch macht. Beinahe alles übrige behielten wir, oft bis ins kleinste (Hackblock, Feuerstelle und so weiter), und besonders die vorzüglichen Stellungen des Planwagens, und das letztere bedeutet viel, denn damit war schon viel von der Gruppierung und dem Ablauf der Vorgänge von vornherein festgelegt. Man verliert erstaunlich wenig mit dem Verzicht auf die völlige Freiheit der »schöpferischen Gestaltung«. Irgendwo, mit irgend etwas muß man doch auf jeden Fall anfangen; warum sollte es nicht etwas schon einmal Durchdachtes sein? Seine Freiheit gewinnt man dann schon durch den Widerspruch, der sich allenthalben in einem meldet und regt.

Realistisches Theater und Illusion

1

Goethe schreibt 1826 von der »Unvollkommenheit der englischen Bretterbühne« Shakespeares. Er sagt: »Es ist keine Spur von der Natürlichkeitsforderung, in die wir nach und nach durch Verbesserung der Maschinerie, der perspektivischen Kunst und der Garderobe hineingewachsen sind.« Er fragt: »Wer will sich nun gegenwärtig so etwas zumuten lassen? Unter solchen Umständen waren Shakespeares Stücke höchst interessante Märchen, nur von mehreren Personen erzählt, die sich, um etwas mehr Eindruck zu machen, charakteristisch maskiert hatten, sich, wie es not tat, hin und her bewegten, kamen und gingen, dem Zuschauer jedoch überließen, sich auf der öden Bühne nach Belieben Paradies oder Paläste zu imaginieren.«
Seit dieser Feststellung ist die Maschinerie unserer Theater hundert Jahre lang verbessert worden, und die »Natürlichkeitsforderung« hat zu einem solchen Illusionismus geführt, daß wir Späteren durchaus bereit sein mögen, uns einen Shakespeare auf öder Bühne eher zumuten zu lassen als einen, der keine Imagination mehr erfordert und keine mehr hervorbringt.
Zu Goethes Zeit war die Verbesserung der Maschinerie zur Herstellung der Illusion ziemlich unbedenklich, da sie noch so unvollkommen war, so in der »Kindheit der Anfänge« stekkend, daß das Theater selbst immer noch eine Realität blieb und Phantasie wie Erfindung immer noch aus Natur Kunst

machen konnte. Die Schauplätze waren noch theatralische Ausstellungen, in denen die Bühnenbauer die Örtlichkeiten künstlerisch poetisch gestalteten.

Das Theater der bürgerlichen Klassik stand in jener glücklichen Mitte der Entwicklung auf das Naturalistische-Illusionäre zu, wo die Maschinerie ebenso viele illusionäre Elemente stellen konnte, daß einiges Natürliche vollkommener vorgestellt werden konnte, aber noch nicht so vieles, daß das Publikum glauben gemacht wurde, es sei überhaupt nicht mehr im Theater, wo also die Kunst noch nicht darin bestand, den Eindruck zu vernichten, sie sei am Werke. Die Lichteffekte waren, ohne die Glühbirne, noch primitiv; wo mangelhafter Geschmack die Abendsonnenstimmung für nötig hielt, verhinderte mangelhafte Maschinerie die völlige Berückung. Das echte Kostüm der Meininger wurde etwas später gesichtet; es war meist prächtig, wenn auch nicht immer schön, und es wurde immerhin durch unechte Sprechweise ausgeglichen. Kurz, zumindest da, wo es bei dem Geschäft der Täuschung versagte, zeigte sich das Theater noch als Theater. Heute ist die Wiederherstellung der Realität des Theaters als Theater eine Voraussetzung dafür, daß man zu realistischen Abbildungen des menschlichen Zusammenlebens kommen kann. Bei übermäßiger Steigerung der Illusion, die Örtlichkeiten betreffend, und bei einer »magnetischen« Spielweise, welche die Illusion hervorruft, man wohne einem momentanen, zufälligen, »echten« Vorgang bei, erhält alles eine solche Natürlichkeit, daß man mit dem Urteil, mit der Phantasie und mit den Reaktionen nicht mehr dazwischenkommen kann, sondern sich einfügt, lediglich mitlebt und ein Objekt der »Natur« wird. Die Illusion des Theaters muß eine teilweise sein, so daß sie immer als Illusion erkannt werden kann. Die Realität muß, bei aller Komplettheit, schon durch künstlerische Gestaltung verändert sein, damit sie als veränderbar erkannt und behandelt werden kann.

Und das ist der Grund unserer heutigen Natürlichkeitsforderung: wir wünschen die Natur unseres Zusammenlebens zu verändern.

Illusionäre Elemente?

Die völlig leere Bühne mit dem Rundhorizont (im Vorspiel, in der 7. und in der letzten Szene) erzeugt zweifellos die Illusion flacher Landschaft mit Himmel. Dagegen ist deshalb nichts zu sagen, weil eine poetische Regung im Gemüt des Zuschauers vonnöten ist, damit diese Illusion zustande kommt. Sie ist eben leicht genug hergestellt, daß die Schauspieler durch ihr bloßes Spiel am Anfang eine freie Landschaft daraus machen können, sich darbietend dem Unternehmungsgeist der kleinen Marketenderfamilie, und am Ende der erschöpften Glücksjägerin eine nicht auszumessende Wüstenei. Und jedenfalls ist immer zu hoffen, daß sich mit diesem stofflichen Eindruck der formale vermischt, daß der Zuschauer teilnehmen darf an dem ersten Nichts, aus dem alles entsteht, indem er zunächst nur die schiere Bühne erblickt, die leere, die sich bevölkern wird. Auf ihr, der tabula rasa, haben die Schauspieler, weiß er, in wochenlanger Arbeit, dies und jenes erprobend, die Vorgänge der Chronik kennengelernt, indem sie sie darstellten, und sie dargestellt, indem sie sie beurteilten. Nun geht es los, der Wagen der Courage rollt auf die Bühnenfläche. – Gibt es im Großen ein schönes Ungefähr, so gibt es das nicht im Kleinen. Wichtig für realistische Darstellung ist das sorgfältig ausgearbeitete Detail in Kostüm und Requisit, denn hier kann die Phantasie des Zuschauers nichts hinzufügen. Die Arbeits- und Eßgeräte müssen liebevollst ausgeführt sein. Auch dürfen die Kostüme natürlich nicht wie von einem Trachtenfest sein, sondern müssen individuelle Merkmale tragen sowie die der Klassen. Sie sind länger oder kürzer getragen, aus billigerem oder teurerem Stoff, besser oder schlechter instand gehalten und so weiter.
Die Kostüme der Courage-Aufführung stammten von Palm.

Was eine Aufführung von »Mutter Courage und ihre Kinder« hauptsächlich zeigen soll

Daß die großen Geschäfte in den Kriegen nicht von den kleinen Leuten gemacht werden. Daß der Krieg, der eine Fortführung der Geschäfte mit andern Mitteln ist, die menschlichen Tugenden tödlich macht, auch für ihre Besitzer. Daß für die Bekämpfung des Krieges kein Opfer zu groß ist.

VORSPIEL

Als Vorspiel wurde die Courage und ihre kleine Familie auf dem Weg zum Kriegsschauplatz gezeigt. Dafür wird das Geschäftslied der Courage aus der 1. Szene verwendet (so daß in dieser dann auf den Satz der Courage »Geschäftsleut« sogleich die Frage des Feldwebels »Wohin gehört ihr, Bagage?« folgt). Nachdem die Ouvertüre gespielt war, wurde, damit der Darstellerin die Anstrengung erspart wurde, gegen das Rollen der Drehbühne anzusingen, von einer Platte bei verdunkeltem Zuschauerraum die erste Strophe gesungen. Dann beginnt das Vorspiel.

Der lange Weg in den Krieg
Die halbhohe, leichte Leinengardine, auf der im folgenden die Szenentitel projiziert werden, zerteilt sich, und der Planwagen der Courage rollt auf der gegenbewegten Drehbühne nach vorn.
Es ist ein Zwischending zwischen einem Militärfahrzeug und einer Krämerbude. Auf einem Längsbrett steht »Zweites Finnisches Regiment«, auf einem andern »Mutter Courage, Spezereien«. Neben gut schwedischen Schweinewürsten ist auf der Blache eine Fahne mit Preiszettel »4 Gulden« ausgestellt. Der Wagen wird sich während der Historie mehrmals ändern. Er wird voller und weniger voll mit Waren behängt, die

Blache wird beschmutzter oder reinlicher, die Schrift des Firmenbretts verblaßter und dann wieder neu gemalt sein, je nach gutem oder schlechtem Geschäftsgang. Nun, zu Beginn ist er voll behängt und frisch bespannt.

Der Planwagen wird gezogen von den beiden Söhnen, und sie singen die 2. Strophe des Geschäftslieds der Courage: »Ihr Hauptleut, eure Leut marschieren / Euch ohne Wurst nicht in den Tod«. Auf dem Bock sitzen die stumme Kattrin, die Mundharfe spielend, und die Courage. Die Courage sitzt bequem, ja faul, sich mit dem Wagen wiegend, sie gähnt. Alles deutet darauf, auch der Blick, den sie einmal zurückwirft, daß der Wagen einen langen Weg herkommt.

Wir hatten das Lied vorgesehen als theatralisches Auftrittslied, schwungvoll und frech – wir dachten an die letzte Szene des Stücks. Aber die Weigel wünschte es als Geschäftslied, Lied der aktualen Repräsentation, und sie schlug vor, es zur Darstellung des langen Wegs in den Krieg zu benutzen. Von solchem Stoff sind die Gedanken großer Schauspieler.

Uns schien dann die Darstellung des langen Wegs, den die Händlerin führt, um in den Krieg zu kommen, genügender Hinweis auf ihre aktive und freiwillige Teilnahme am Krieg. Jedoch ergaben viele Diskussionen mit Zuschauern und manche Rezensionen, daß die Courage von vielen doch einfach als die Vertreterin der »kleinen Leute« aufgefaßt wurde, die »in den Krieg verwickelt werden«, da »gar nichts machen können«, »dem Kriegsgeschehen hilflos ausgeliefert sind« und so weiter. Eine tief wurzelnde Gewohnheit läßt den Zuschauer im Theater immer nur die mehr emotionellen Äußerungen der Figuren herauspicken und alles übrige übersehen. Geschäfte werden, wie Landschaftsbeschreibungen im Roman, gelangweilt hingenommen. Die »Atmosphäre der Geschäfte« ist einfach die Luft, in der man atmet und der man nicht besonders Erwähnung tut. So tauchte der Krieg in den Diskussionen immer wieder als ein zeitloses Abstraktum auf, was immer wir tun mochten, ihn als eine Summe geschäftlicher Unternehmungen aller darzustellen.

Zu kurz kann zu lang sein

Die beiden Strophen des Auftrittslieds und dazu eine Pause dazwischen, in der der Planwagen stumm rollt, dauern einige Zeit, und sie schien uns auf den Proben zunächst zu lang. Aber als wir die zweite Strophe wegließen, wirkte das Vorspiel länger, und als wir die Pause zwischen den Strophen verlängerten, wirkte es kürzer.

Das Couragelied des Vorspiels

Erst bei der Neueinstudierung durch das Berliner Ensemble benutzte die Weigel auch für das Geschäftslied der Courage die Dialekttönung, deren sie sich im ganzen Stück bediente. Das Lied lebte auf.

Es sollte nie vergessen werden, daß unser Bühnendeutsch künstlich ist. Der Text des Schauspielers gewinnt an Realität, wenn er ihn in der Volkssprache, also in heimatlichem Dialekt, übt. Wenige Texte, eigentlich nur ganz und gar papierene, verlieren dadurch. Einige müssen freilich im Dialekt des Dichters gesprochen werden, etwa Schillers und Hölderlins im schwäbischen, Kleists im märkischen und so weiter.

ERSTE SZENE

DIE GESCHÄFTSFRAU ANNA FIERLING, BEKANNT UNTER DEM NAMEN COURAGE, STÖSST ZUR SCHWEDISCHEN ARMEE

Werber durchstreifen das Land nach Kanonenfutter · Die Courage präsentiert einem Feldwebel ihre gemischte Familie, entstanden auf verschiedenen Kriegsschauplätzen · Die Marketenderin verteidigt ihre Söhne gegen die Werber mit dem Messer · Sie entdeckt, daß ihre Söhne den Werbern erliegen, und prophezeit dem Feldwebel frühen Soldatentod · Um sie vom Krieg abzuschrecken, läßt sie auch ihre Kinder das schwarze Los ziehen · Infolge eines kleinen Handels verliert sie am Ende doch noch ihren kühnen Sohn · Auch der Feldwebel prophezeit der Courage etwas: Wer vom Krieg leben will, muß ihm auch etwas geben.

Grundarrangement

Werber durchstreifen das Land nach Kanonenfutter. Auf der leeren Bühne stehen rechts vorn an der Rampe der Feldwebel und der Werber auf Ausschau und beklagen sich mit gedämpfter Stimme über die Schwierigkeit, Kanonenfutter für ihren Feldhauptmann aufzutreiben. Die Stadt, von der der Feldwebel spricht, ist im Zuschauerraum angenommen. Dann taucht der Couragewagen auf, und den Werbern läuft beim Anblick der jungen Burschen das Wasser im Maul zusammen. Das »Halt!« des Feldwebels bringt den heranrollenden Wagen zum Stehen.
Die Courage präsentiert einem Feldwebel ihre gemischte Familie, entstanden auf verschiedenen Kriegsschauplätzen. Die Professionellen des Handels und des Krieges begegnen sich, der Krieg kann beginnen. Wenn sie der Kriegsleute ansichtig werden, mögen die Fierlingischen für einen Augenblick halten, als seien sie furchtsam: die Eigenen sind nämlich auch der Feind; das Heer gibt nicht nur, es nimmt auch. Dann ist das »Guten Morgen, Herr Feldwebel« ebenso militärisch knapp und eintönig wie das »Guten Morgen, ihr Leut«. Vom Wagen kletternd, zeigt die Courage, daß sie die Vorweisung der Papiere für eine unter Professionellen überflüssige Formalität hält (»Schön, gehen wir die ganze Routine durch«). Ihre kleine Familie, entstanden auf so manchem Kriegsschauplatz, stellt sie in spaßhaftem Ton vor, sie spielt ein wenig das Original »Mutter Courage«.
Der Planwagen mit den Kindern steht links, die Werber

stehen rechts. Die Courage geht mit ihrer Zinnbüchse voll von Papieren, sie wird hergerufen, aber es ist auch ein Vorstoß, zum Kundschaften und Verhandeln; sie beschreibt ihre Familie von dort aus, als habe man einen besseren Überblick von weitem, wenn man ihnen vom Leibe bleibt. Der Werber seinerseits unternimmt Streifzüge hinter ihrem Rücken, an die Söhne sich heranpirschend, sie provozierend. Der Drehpunkt liegt bei »Brauchens nicht eine Schnall?« – »Ich brauch was andres.«

Die Marketenderin verteidigt ihre Söhne gegen die Werber mit dem Messer. Der Feldwebel läßt die Marketenderin stehen und tritt auf die Söhne zu, gefolgt vom Werber. Er klopft an ihre Brustkästen, befühlt ihre Wadenmuskeln. Er kehrt zurück, pflanzt sich vor der Mutter auf: »Warum drückt sich das?« Der Werber ist zurückgeblieben: »Laß sehn, ob du ein Hühnchen bist.« Die Courage rennt hin, wirft sich zwischen Werber und Sohn: »Ein Hühnchen ist er.« Der Werber geht zum Feldwebel (nach rechts) und beschwert sich: »Er hat mich grob beleidigt«; die Courage reißt ihren Eilif zurück. Dann versucht es der Feldwebel mit der Vernunft, aber die Courage zieht ihr Schnappmesser und stellt sich rabiat vor die Söhne.

Die Courage entdeckt, daß ihre Söhne der Werbung erliegen, und prophezeit dem Feldwebel frühen Soldatentod. Wieder tritt sie auf den Feldwebel zu (»Gib den Helm«). Ihre Kinder folgen ihr, um zu gaffen. Und der Werber vollzieht eine Flankenumgehung und redet auf Eilif vom Rücken aus ein.

Wenn der Feldwebel nach einigem Zögern sein schwarzes Kreuz gezogen hat, kehren die Kinder befriedigt zum Wagen zurück, freilich vom Werber gefolgt. Und wenn die Courage sich wendet (»Ich muß mich tummeln«), sieht sie den Werber zwischen den Söhnen; er hat die Arme um ihre Hälse.

Um ihre Söhne vom Krieg abzuschrecken, läßt die Courage auch sie das schwarze Los ziehen. Der Aufruhr in den eigenen Reihen ist in voller Entwicklung. Sie rennt zornig hinter ihren

Wagen, ihren Kindern schwarze Kreuze zu malen. Wenn sie mit dem Helm zur Wagendeichsel zurückkehrt, überläßt der Werber ihr grinsend ihre Kinder und kehrt zum Feldwebel (nach rechts) zurück. Ist die finstere Zeremonie vollführt, läuft die Courage, dem Feldwebel den Helm zurückzugeben, und klettert mit fliegenden Röcken auf den Wagensitz. Die Söhne haben sich wieder eingespannt, der Wagen setzt sich in Bewegung. Die Courage hat die Situation gemeistert.
Infolge eines kleinen Handels verliert die Courage am Ende doch noch ihren kühnen Sohn. Auf den Rat des Werbers kommt der nur halb kampfunfähig gemachte Feldwebel mit dem Kaufangebot heraus. Elektrisiert klettert die Courage wieder vom Wagen herunter, und der Feldwebel zieht sie nach links hinter den Wagen. Während des Handels nimmt der Werber dem Eilif den Zuggurt ab und führt ihn weg. Die Stumme sieht es, klettert ebenfalls vom Wagen und versucht vergebens, die in das Feilschen versunkene Mutter auf Eilifs Verschwinden aufmerksam zu machen. Erst wenn die Geldumhängetasche zugeschnappt ist, entdeckt die Courage den Verlust. Für einen Augenblick muß sie sich auf die Wagendeichsel setzen, ihre Schnallen vor sich. Dann wirft sie sie verzornig in den Wagen, und die Familie, um ein Mitglied verkleinert, zieht verfinstert ab.
Auch der Feldwebel prophezeit der Courage etwas. Lachend prophezeit der Feldwebel der Courage, sie werde dem Krieg, von dem sie leben will, auch zinsen müssen.

Ein Fehler

Da der Rundhorizont des Deutschen Theaters fehlerhafterweise keinen Einlaß bietet, wurde im Hintergrund eine Attrappe nötig, die zu Beginn den Planwagen verdeckte, sonst hätte der Wagen aus einem Loch im Rundhorizont kommen können. Die Bühnenleute gaben der Attrappe die vage Form eines Gehöfts; wir hätten darauf bestehen können, daß sie die Form einer Attrappe haben müßte. Aber dies wäre schlechter gewesen als ein Loch im Horizont, durch das der Wagen auf die Bühne eingefahren wäre, so ließen wir fünfe grad sein.

Die Werber

Die leere Bühne des Vorspiels wurde dadurch in eine konkrete Örtlichkeit verwandelt, daß ein paar winterliche Grasbüschel, eine Landstraße markierend, hereingestellt waren. Hier stehen wartend und stark frierend in ihren Eisenhülsen die Kriegsleute.

Die große Unordnung im Krieg beginnt mit der Ordnung, die Desorganisation mit der Organisation. Die Sorgenbringer haben noch Sorgen. Wir hören Beschwerden, daß, den Krieg in Gang zu bringen, Verstand nötig sei. So sind die Kriegsleute Geschäftsleute. Der Feldwebel hat ein Büchlein, das er zu Rate zieht, der Werber hat eine Landkarte gegen die Landschaft. Die Verschmelzung von Krieg und Geschäft kann nicht früh genug etabliert werden.

Gruppierung

Es wird gewisse Schwierigkeiten bereiten, die Darsteller des Feldwebels und des Werbers zu überreden, an einem Platz und beisammen zu verharren, bis der Planwagen der Courage auftaucht. Alle Gruppen zeigen auf unserem Theater eine starke Tendenz, sich aufzulösen, teils weil der Schauspieler sich von Gängen und Stellungsveränderungen eine Belebung des Zuschauerinteresses erwartet, teils weil er für sich sein und das Auge des Zuschauers mit sich wegziehen will. Es existiert aber kein Anlaß, die Kriegsleute nicht beisammen zu lassen; im Gegenteil würden Bild und Argumentation durch Stellungswechsel gestört.

Stellungswechsel

Stellungen sollten beibehalten werden, solange kein triftiger Grund eintritt, sie zu ändern; und der Wunsch nach Abwechslung ist kein triftiger Grund. Weicht man dem Wunsch nach

Abwechslung, dann tritt schnell eine Entwertung aller Bewegungen auf der Bühne ein, hinter keiner sucht das Publikum mehr einen speziellen Sinn, keine nimmt das Publikum mehr ernst. An den Drehpunkten der Handlung besonders benötigt man aber den Stellungswechsel häufig in seiner unverminderten Radikalität. Man sorgt für die legitime Abwechslung, wenn man die Drehpunkte aufspürt und für das Arrangement berücksichtigt. Die Werber haben zum Beispiel der Courage zugehört, es ist ihr gelungen, sie zu verblüffen und so abzulenken oder zu unterhalten und so günstig zu stimmen, und nur ein Umstand war bisher ominös: der Feldwebel hat nach den Papieren verlangt, sie aber dann nicht geprüft – auch er wünschte nur den Aufenthalt. Sie tut den nächsten Schritt (auch körperlich, sie geht auf den Feldwebel zu, faßt seine Gürtelschnalle an: »Brauchens nicht eine Schnall?«), versucht ihnen etwas zu verkaufen, da schreiten die Werber zur Aktion. Der Feldwebel sagt ominös: »Ich brauch was andres« und geht mit dem Werber zu den Söhnen an die Wagendeichsel. Es erfolgt die Musterung, eine Musterung wie von Pferden. Und der Drehpunkt wird unterstrichen, indem er zur Courage zurückgeht, sich vor ihr aufpflanzt und fragt: »Warum drückt sich das vom Heeresdienst?« (Derlei Gänge sollten auch nicht dadurch verwischt werden, daß bei ihnen gesprochen wird!) Benötigt man Stellungswechsel, um gewisse Vorgänge für die Einsicht des Publikums freizulegen, muß man die Bewegung dazu ausnützen, etwas für die Handlung und den Moment Bedeutsames damit auszudrücken; findet man da nichts, tut man gut, das ganze Arrangement bis zu diesem Punkt durchzuprüfen, es wird wohl fehlerhaft sein, denn das Arrangement hat ja nur die Handlung auszudrükken, und die Handlung enthält (hoffentlich) eine logische Abwicklung der Vorgänge, welche das Arrangement ja nur zu präsentieren hat.

Über Details

Das Detail, auch das kleinste, muß natürlich bei der strahlend hell erleuchteten Bühne voll ausgespielt werden. Besonders gilt das für Vorgänge, die auf unserer Bühne nahezu grundsätzlich übergangen werden, wie das Bezahlen bei einem Handel. Die Weigel erfand da (für den Schnallenhandel in 1, den Kapaunhandel in 2, den Getränkeverkauf in 5 und 6, die Aushändigung des Beerdigungsgeldes in 12 und so weiter) eine eigene kleine Geste: Sie klappte die umgehängte Ledergeldtasche hörbar zu. Es ist tatsächlich schwierig, bei den Proben der Ungeduld der Schauspieler, die auf das Mitreißen auszugehen gewohnt sind, entgegenzutreten und die Details mit dem Grundsatz epischen Spiels *eins nach dem andern* gründlich und erfinderisch auszuarbeiten. Selbst so winzige Details zeigen allerhand wie das, daß die Courage, wenn die Werber auf ihre Söhne zutreten und sie wie Gäule auf die Muskelkraft abtasten, noch Mutterstolz zeigt, bevor des Feldwebels Frage »Warum drückt sich das vom Heeresdienst?« ihr die Gefahr zeigt, in der sie ihrer Vorzüge wegen schweben, und sie zwischen Söhne und Werber springt. Das Tempo bei den Proben sei langsam, schon der Herausarbeitung des Details wegen; das Tempo der Aufführung zu bestimmen, ist ein eigener, späterer Prozeß.

Detail

In dem Messerziehen der Courage ist keine Wildheit. Die Frau zeigt lediglich, daß sie bei der Verteidigung der Kinder soundso weit gehen wird. Überhaupt muß die Darstellerin zeigen, daß die Courage Situationen wie diese kennt und zu meistern versteht.

Die Courage läßt ihre Kinder das Los ziehen

Nur durch eine leise Tiradenhaftigkeit und indem sie demonstrativ ihr Gesicht wegwendet, wenn der Schweizerkas sein Los aus dem hingereichten Helm zieht, also durch eine etwas zu starke Unparteilichkeit und eine Demonstration ihres Nichteingreifens (ihr seht, kein Hokuspokus, keine Tricks von meiner Seite) zeigt die Darstellerin, daß die Courage selbst ihre Korrektur des Glücks im Bewußtsein behält, denn im übrigen glaubt sie ja durchaus, was sie sagt, nämlich daß gewisse Schwächen und Vorzüge ihrer Kinder unter Umständen tödlich sein können.

Die Courage prophezeit dem Feldwebel den Soldatentod
Es stellte sich heraus, daß die Courage sich nach Eilif umblicken mußte, bevor sie auf den Feldwebel zutritt, ihn das Los ziehen zu lassen. Sonst wurde nicht verstanden, daß sie es macht, um den kriegslüsternen Sohn vom Krieg abzuschrecken.

Der Schnallenhandel
Die Courage verliert ihren Sohn an den Werber, weil sie sich dem Verkauf einer Schnalle nicht versagen kann. Die Courage hat, wenn sie vom Wagen geklettert ist, um dem Feldwebel die Schnalle zu bringen, zunächst einiges Mißtrauen zu zeigen, indem sie sich besorgt nach dem Werber umsieht. Hat der Feldwebel sie erst an dem Gürtel der Schnalle hinter den Wagen gezogen, damit der Werber den Sohn bearbeiten kann, wechselt ihr Mißtrauen auf das geschäftliche Feld hinüber. Dem Feldwebel Schnaps holend, nimmt sie ihm die noch unbezahlte Schnalle noch einmal ab, und in die Münze beißt sie hinein. Den Feldwebel verstimmt dieses Mißtrauen sehr.
Würde das Mißtrauen zu Beginn weggelassen, hätte man eine dumme Person, die ganz uninteressant wäre, oder eine Händlerin, von einer Handelsleidenschaft geritten, der die Gewöhnung fehlt. Das Mißtrauen darf nicht fehlen, es muß nur zu schwach sein.

Pantomimisches
Auszuspielen: wie der Werber dem Eilif den Zuggurt ab-

nimmt (»Und die Weiber reißen sich um dich«). Er befreit ihn vom Joch.
Er hat ihm einen Gulden aufgedrängt; die Faust mit dem Gulden vor sich haltend, geht Eilif wie in Trance ab.

Dosierung
Meisterhaft dosierte die Weigel die Reaktion auf die Entführung des kühnen Sohns. Sie spielte mehr Betroffenheit als Entsetzen. Der Sohn ist nicht eben verloren, wenn er Soldat wird, er ist lediglich gefährdet. Und sie wird noch Kinder verlieren. Um zu zeigen, daß sie gut weiß, warum sie Eilif nicht mehr um sich hat, ließ die Weigel den Bund mit den Gürteln, von dem sie einen verkauft hat, am Boden nachschleifen und warf ihn zornig in den Wagen, nachdem sie, einige Augenblicke auf der Deichsel sitzend, um auszuruhen, ihn vor sich, zwischen den Beinen gehalten hatte. Und sie schaut ihrer Tochter nicht ins Gesicht, wenn sie ihr die Gurte umlegt, mit denen Eilif den Wagen hat ziehen helfen.

ZWEITE SZENE

MUTTER COURAGE FINDET VOR DER FESTUNG WALLHOF IHREN KÜHNEN SOHN WIEDER

Mutter Courage treibt Lebensmittelwucher im schwedischen Lager. Beim zähen Feilschen um einen Kapaun schließt sie Bekanntschaft mit einem Lagerkoch, der in ihrem Leben noch eine Rolle spielen wird · Der schwedische Feldhauptmann bringt einen jungen Landsknecht in sein Zelt und ehrt ihn für seine Tapferkeit · Die Courage findet in dem jungen Landsknecht ihren verlorenen Sohn wieder. Es glückt ihr, angesichts der Ehrung Eilifs, ihren Kapaun teurer zu verkaufen · Eilif berichtet seine Heldentat, und die Courage in der Küche nebenan läßt sich beim Kapaunrupfen über schlechte Feld-

hauptleute aus · Eilif tanzt einen Säbeltanz, und seine Mutter antwortet durch ein Lied · Eilif umarmt seine Mutter und bekommt eine Ohrfeige, weil er sich durch seine Heldentat in Gefahr gebracht hat.

Grundarrangement

Mutter Courage treibt Lebensmittelwucher im schwedischen Lager vor der Festung Wallhof. Beim zähen Feilschen um einen Kapaun schließt sie Bekanntschaft mit einem Lagerkoch, der in ihrem Leben noch eine Rolle spielen wird. Die Szene hat ihre Bewegung am Drehpunkt (»Sehen Sie, was ich mach?«). Der Koch beendet sein Rübchenschälen, fischt aus der Kehrichttonne das verfaulte Fleischstück und trägt es zum Hackblock. Die Erpressung der Courage ist mißlungen.
Der schwedische Feldhauptmann bringt einen jungen Landsknecht in sein Zelt und ehrt ihn in einer kleinen Rede für seine Tapferkeit. Ein Trommelwirbel außerhalb des Zelts kündigt die Ankunft hoher Persönlichkeiten an. Es muß nicht klar sein, ob der Feldhauptmann trinkt, um den Landsknecht zu ehren, oder ihn ehrt, um zu trinken. Nebenan bereitet der Koch inzwischen die Mahlzeit und weicht die Courage nicht von der Stelle mit ihrem Kapaun.
Die Courage findet in dem jungen Landsknecht ihren verlorenen Sohn wieder. Es glückt ihr, angesichts der Ehrung Eilifs, ihren Kapaun teurer zu verkaufen. Während sich die Courage ihrer Wiedersehensfreude hingibt – übrigens nicht so hemmungslos, daß sie nicht mehr aus dem Auftauchen Eilifs ein Geschäft machen könnte –, läßt sich der Feldhauptmann nebenan vom Feldprediger einen Kienspan für seine Tonpfeife holen.
Eilif berichtet seine Heldentat, und die Courage in der Küche nebenan läßt sich beim Kapaunrupfen über schlechte Feldhauptleute aus. Zunächst lauscht die Mutter strahlend der Erzählung, dann verfinstert sie sich, und am Ende wirft sie

den Kapaun zornig in den Bottich vor sich. Während sie, ihre Arbeit wiederaufnehmend, ein Hühnchen mit dem Feldhauptmann rupft, zeigt nebenan der Feldhauptmann ihrem Sohn auf der Karte, zu was für neuen Heldentaten er ihn benötigt.
Eilif tanzt einen Säbeltanz, und seine Mutter antwortet durch ein Lied. Eilif tanzt seinen Säbeltanz vorn, nahe der Wand zur Küche. Die Courage schleicht sich an die Wand heran, sein Lied zu beendigen. Danach kehrt sie zu ihrem Bottich zurück, stehenbleibend.
Eilif umarmt seine Mutter und bekommt eine Ohrfeige, weil er sich durch seine Heldentat in Gefahr gebracht hat.

Der Kapaunhandel
Der Handel zwischen Courage und Feldkoch um den Kapaun hatte unter anderm den Beginn ihrer zarten Beziehungen zu etablieren. Beide zeigten Spaß am Handel, und der Koch zollte dem Mundwerk der Marketenderin Bewunderung wie auch der Fixigkeit, mit der sie die Ehrung ihres kühnen Sohns für den Handel ausnutzt. Die Courage wiederum amüsierte sich über die Art, wie der Koch mit der Spitze eines langen Fleischmessers die verfaulte Rinderbrust aus der Kehrrichttonne fischte und sie sorgsam, als etwas Kostbares, wenn auch der Nase Fernzuhaltendes, zu seinem Küchentisch trug. Meisterhaft zeigte der Schauspieler Bildt, wie der Koch, ein Don Juan, animiert durch die neue Beziehung, die Zubereitung des Kapauns mit theatralischer Eleganz vollführt. Hierbei ist zu bemerken, daß solch »stummes Spiel« die gleichzeitige Szene im Zelt nebenan keineswegs störte, da es mit Takt ausgeführt wurde.
Übrigens scheute Bildt nicht die Mühe, sich von einem Holländer den holländischen Akzent beibringen zu lassen.

Der Feldkoch Buschs in der Neueinstudierung
Um den Beginn zarter Beziehungen mitten im Kampf um

einen billigen Preis des Kapauns andeuten zu können, fügte Busch ein altes holländisches Liedlein ein (»Nit Betteres als de Piep«). Dabei zog er die Courage auf seine Knie und griff, sie umarmend, nach ihrer Brust. Die Courage schob seiner Hand den Kapaun unter. Nach dem Liedlein sagte er ihr trocken ins Ohr: »Dreißig.« Auf ihr Kopfschütteln fischte er das stinkende Ochsenfleisch aus der Tonne. (Die Courage gibt ihm das Stichwort zum Lied mit »Nehmens die Pfeif aus dem Maul, wenn ich mit Ihnen sprech«.)

Der Feldhauptmann

Bei der Darstellung des Feldhauptmanns wurde das Klischee nicht ganz vermieden. Sie hatte etwas Polterndes, Bärbeißiges und zeigte zuwenig über die herrschende Klasse. Es wäre besser gewesen, einen aristokratischen verlebten Schweden zu zeigen, der die Ehrung des tapferen Landsknechts als eine Routinehandlung vornimmt, sozusagen geistesabwesend. Schon der Auftritt – er hält sich betrunken an dem zu Ehrenden aufrecht, geradeswegs auf die Weinkanne zusteuernd – wäre so instruktiver gewesen. Wie es war, war es wenig mehr als randalierende Besoffenheit.

Detail der Neueinstudierung

Der Feldhauptmann wurde als verlebter Aristokrat dargestellt; die Befehle an den Koch brüllte er jedoch sehr laut. Im übrigen benutzt er seine Ehrung des räuberischen Landsknechts als Demonstration für den Feldprediger, dessen Glaubenspropaganda den Krieg nicht weiterbringt. Nach »Zusammengehauen hast du sie« läßt er Eilif mit einem Blick auf den Feldprediger aus der Pfeife rauchen, und nach »In dir steckt ein junger Cäsar« reicht er ihm den Weinkrug, allerdings nicht ohne zuvor festgestellt zu haben, daß nicht mehr viel drin ist.

Der Glaubenskrieg

Aus der Behandlung, die dem Feldprediger von seiten des Feldhauptmanns widerfährt, haben wir die Rolle zu ersehen, die der Glaube in einem Glaubenskrieg spielt. Dies wurde recht grob deutlich gemacht. Der Feldhauptmann läßt sich den brennenden Span für seine Pfeife von ihm holen und schüttet ihm einmal verächtlich Wein über den Priesterrock; der Feldprediger, mit dem Blick auf Eilif, wischt sich den Rocksaum ab, halb protestierend, halb als sei es ein Spaß. Sich mit zu Tisch zu setzen, wird er nicht eingeladen wie der kleine Schlächter, noch bekommt er zu trinken. Aber seine Stellung wurde am deutlichsten durch die Niedrigkeit, herrührend von der Niedrigkeit der Stellung, mit der er sich stolzlos zu Tisch setzt und sich vom Wein einschenkt, wenn der Feldhauptmann den jungen Soldaten, vor dem alles sich abspielt, zur Karte an der Zeltwand führt und der Tisch so frei wird. Von dieser Stellung her kommt der Zynismus des Feldpredigers.

Eilifs Tanz

Der kleine wilde Säbeltanz des kühnen Sohns muß sowohl mit Feuer als auch mit Lässigkeit ausgeführt werden. Der junge Mensch ahmt einen Tanz nach, den er irgendwo gesehen hat. Derlei ist nicht leicht herauszubringen.

Kostüm: Eilif trägt einen billigen, zerbeulten Brustpanzer und immer noch seine zerfransten Hosen. Erst im 8. Bild (Ausbruch des Friedens) trägt er kostbarere Kleidung und Ausstattung; er stirbt reich.

Detail

Während der zornigen Rede über die schlechten Feldhauptleute rupft die Courage heftig ihren Kapaun, dem Rupfen eine Art symbolische Bedeutung verleihend. Kurze Auflacher des amüsierten Feldkochs unterbrechen die Blasphemien.

Die Courage der Giehse

In der Münchener Aufführung nach dem Berliner Modell zeigte die Giehse, die die Rolle der Courage während des Weltkriegs in Zürich kreiert hatte, wie ein großer Schauspieler das Arrangement und theatralische Material einer Modellaufführung zur Ausgestaltung einer eigenen und unverwechselbaren Figur benutzen kann. Sie erfand dabei immerzu schöne Änderungen, die auch für das Modell Bereicherungen darstellen. So, wenn sie, den Gulden, den sie für ihren Kapaun erzielt hat, indem sie den Triumph ihres Sohnes ausnutzte, in der erhobenen Faust, einen kleinen Triumphmarsch ausführte. Oder wenn sie dem in die Küche stolpernden Eilif, der sie, offenbar in der Art der Fierlings, mit einem barbarischen Gebrüll begrüßt, mit einer mißlaunigen Abart dieses Lautes antwortet. Die Ohrfeige ist so vorbereitet. (Die Weigel hatte Wiedersehensfreude gespielt und, sich plötzlich an Eilifs Unvorsichtigkeit erinnernd, ihn geohrfeigt.)

DRITTE SZENE

MUTTER COURAGE WECHSELT VOM LUTHERISCHEN ZUM KATHOLISCHEN LAGER ÜBER UND VERLIERT IHREN REDLICHEN SOHN SCHWEIZERKAS

Schwarzhandel mit Munition · Mutter Courage bewirtet eine Lagerhure und warnt ihre Tochter vor Liebschaften im Felde · Während die Courage mit dem Koch und dem Feldprediger kokettiert, probiert die stumme Kattrin Hut und Stiefel der Lagerhure an · Der Überfall · Erstes Mittagsmahl im katholischen Lager · Gespräch der Geschwister und Verhaftung des Schweizerkas · Mutter Courage verpfändet ihren Wagen an eine Lagerhure, um den Schweizerkas loszukaufen · Die Courage versucht die Bestechungssumme herunterzuhandeln · Die Courage handelt zu lange und hört die Salve, die den Schweizerkas niederstreckt · Die stumme Kattrin tritt an die Seite der Mutter, den toten Schweizerkas zu erwarten · Um sich nicht zu verraten, verleugnet die Courage ihren toten Sohn.

Grundarrangement

Der Planwagen steht während der ganzen Szene links, mit dem Deichselende gegen den Zuschauer, so daß die links von ihm Stehenden von denen rechts nicht gesehen werden. In der Mitte hinten steht eine Fahnenstange, rechts vorn eine Tonne, die als Eßtisch dient. Die Szene ist in vier Teile geteilt: *Der Überfall, Verhaftung des redlichen Sohns, Der Handel, Die Verleugnung.* Nach den beiden ersten Teilen wird die Gardine gezogen, nach dem dritten Teil die Bühne verdunkelt.
Schwarzhandel mit Munition. Mutter Courage, von links hinten kommend, wird verfolgt von einem Zeugmeister, der auf sie einredet. Sie bleibt einen Augenblick mit ihm an der Rampe stehen; nach »Nicht für den Preis« wendet sie sich von ihm ab und setzt sich auf eine Kiste am Wagen, wo schon Schweizerkas sitzt. Der Handel findet mit unterdrückten Stimmen statt. Kattrin wird vom Wäscheabnehmen gerufen und geht mit dem Zeugmeister links hinter den Wagen. Die Courage hat begonnen, Schweizerkasens Unterhosen zu flikken, und ermahnt ihn zur Redlichkeit dabei. Der Zeugmeister, zurückkehrend von der anderen Seite des Wagens, nimmt ihn mit weg. Diese und die nachfolgenden Szenen haben den Ton einer Idylle.
Mutter Courage bewirtet eine Lagerhure und warnt ihre Tochter vor Liebschaften im Felde. Mit ihrem Nähzeug setzt sich die Courage zur Pottier. Kattrin, Wäsche von der Leine nehmend, horcht dem Gespräch zu. Nach ihrem Lied schlendert die Pottier mit demonstrativem Hurengang hinter den Planwagen.
Während die Courage mit dem Koch und dem Feldprediger kokettiert, probiert die stumme Kattrin Hut und Stiefel der Lagerhure an. Nach kurzem Wortgeplänkel führt Mutter

Courage ihre Besucher zu einem Gläschen Wein hinter den Planwagen, wo sich ein politisches Gespräch anspinnt. Nach dem eingefügten Satz »Und der Krieg ist ein Glaubenskrieg« stimmt der Koch ironisch den Choral »Ein feste Burg ist unser Gott« an. Dies gibt Kattrin die Zeit, Hut und Schuhe der Yvette anzuprobieren.

Der Überfall. Der feste Punkt in dem Gelaufe und Gerufe des Überfalls ist der Feldprediger, der, allen im Weg stehend, nicht vom Platze weicht. Das übrige Arrangement ergibt sich aus dem Buch.

Erstes Mittagsmahl im katholischen Lager. Der Feldprediger, nunmehr Schankknecht, fügt sich der kleinen Familie um den Eßtopf ein; der Schweizerkas sondert sich ein wenig ab; er will weg.

Gespräch der Geschwister und Verhaftung des Schweizerkas. Das Gespräch der Geschwister findet an dem improvisierten Eßtisch statt. Wenn Kattrin den Spitzel hinter dem Wagen gesehen hat, versucht sie den Bruder abzuhalten, in den Wagen zu klettern. Sie läuft der Mutter bis in die Mitte der Bühne entgegen, wenn diese mit dem Feldprediger zurückkommt. Die Katholischen erwartend, gruppieren sich Courage, Feldgeistlicher und Kattrin am Tisch.

Mutter Courage versucht ihren Wagen an eine Lagerhure zu verpfänden, um den Schweizerkas loszukaufen. Der Feldprediger läuft der Courage entgegen und fängt die Erschöpfte vor dem Planwagen auf. Sie löst sich schnell aus der Umarmung, die ihr etwas Kraft verleiht, und beginnt zu denken. Ihr Plan ist fertig, wenn die Pottier mit dem Obristen kommt. Die Pottier läßt den Obristen stehen, läuft zur Courage mit dem Judaskuß, läuft zurück zu ihrem Galan, kriecht dann gierig in den Planwagen. Die Courage zerrt sie heraus, beschimpft sie, schiebt sie ab zum großen Handel um den Schweizerkas.

Die Courage versucht die Bestechungssumme herunterzuhandeln. Die Courage hat Kattrin und den Feldprediger zum

Gläserwaschen und Messerputzen gesetzt, damit eine Art von Belagerungszustand errichtend. Sie steht in der Mitte der Bühne, zwischen der Lagerhure und ihren Leuten, wenn sie sich weigert, den so sauer verteidigten Wagen ganz aufzugeben. Sie setzt sich wieder zum Messerputzen, und sie steht nicht mehr auf, wenn die Pottier zurückkommt mit dem Bericht, die Beamten verlangten 200 Gulden. Sie ist jetzt sogleich einverstanden zu zahlen.

Die Courage hört die Salve, die den Schweizerkas niederstreckt. Kaum ist die Pottier weggeschickt, steht die Courage plötzlich auf und sagt: »Ich glaub, ich hab zu lang gehandelt.« Die Salve ertönt, und der Feldprediger verläßt sie und geht hinter den Wagen. Es wird dunkel.

Um sich nicht zu verraten, verleugnet die Courage ihren toten Sohn. Hinter dem Wagen vor kommt langsamen Ganges die Yvette. Sie beschimpft die Courage, ermahnt sie, sich nicht zu verraten, und holt Kattrin hinter dem Wagen vor. Abgewendeten Gesichts geht diese auf die Mutter zu und stellt sich neben sie. Der Schweizerkas wird gebracht, und zu ihm tretend, verleugnet seine Mutter ihn.

Gänge und Gruppierungen

Das Arrangement der Gänge und Gruppierungen muß dem Rhythmus der Erzählung folgen und die Vorgänge bildhaft ausdrücken.

In der 3. Szene wird ein Lageridyll durch einen feindlichen Überfall gestört. Das Idyll ist also von Beginn an so zu komponieren, daß eine größtmögliche Zerstörung sichtbar gemacht werden kann. Es muß Gelegenheit zum Hin- und Herlaufen geben, es muß ein übersichtliches Durcheinander entstehen können, und die Teilorte der Bühne müssen ihre Bestimmung ändern dürfen.

Um ihre Wäsche zu retten, die an einer Leine, gespannt vom Planwagen zu einer Kanone hinten rechts, zum Trocknen aufgehängt wurde – und zwar zu Beginn der Szene durch die stumme Kattrin, so daß am Ende der Szene ihr vorzeitiges Einsammeln durch die Courage erfolgen kann –, muß die Courage die ganze Bühne in der Diagonale überqueren. Kattrin hockt am Faß rechts vorn, wo zu Beginn die Lagerhure als Kundin gesessen hat; die Courage holt Ruß aus dem Wagen und bringt ihn zum Faß, der Tochter das Gesicht einzureiben. Ein privater Vorgang spielt sich jetzt dort ab, wo zuvor nur das Geschäft erledigt wurde. Der Schweizerkas kommt mit der Schatulle so in der Diagonale von hinten rechts zum Planwagen links vorn gelaufen, daß sein Weg sich mit dem der zu ihrer Tochter eilenden Courage überschneidet. Sie läuft zunächst ein paar Schritte an ihm vorbei, hat aber die Schatulle gesehn und wendet sich zu ihm um, der eben in den Wagen will. Sie steht einen Moment wie eine Henne zwischen zwei gefährdeten Kücken, unschlüssig, welches zuerst zu retten. Während sie der Tochter das Gesicht einschmiert, verbirgt der Sohn die Schatulle im Planwagen; sie kann ihn erst zurechtweisen, wenn sie mit der Tochter fertig ist und er wieder aus dem Wagen kommt. Sie steht noch bei ihm, als der Feldprediger hinter dem Wagen vorstürzt und auf die schwedische Fahne zeigt. Die Courage läuft zu ihr in die Mitte hinten und rafft sie.

Das Lageridyll, welches der Überfall zerstört, muß gegliedert sein. Wenn das kleine unsaubere Geschäft, der Schwarzhandel mit Munition, an der Wagentreppe getätigt ist, geht der Schweizerkas, gefolgt vom Zeugmeister, nach rechts weg. Der letztere erkennt die Lagerhure, die an dem Faß sitzt und ihren Hut näht; er sieht angeekelt weg. Die Yvette ruft ihm etwas nach, und dann, wenn das Gewicht nach der rechten Bühnenseite verlagert ist, kommt langsam auch die Courage zum Faß herüber. (Etwas später folgt die stumme Kattrin, die, hinter dem Wagen hervorkommend, wieder beginnt, die Wäsche aufzuhängen.) Die beiden Frauen sprechen, Kattrin lauscht beim Wäschehängen. Yvette singt ihr Lied. Yvette geht, in provozierendem Gang, von vorn rechts nach hinten links ab. Kattrin schaut ihr zu und wird von der Mutter ermahnt. Von rechts hinten kommen der Koch und der Feldprediger. Nach kurzem Wortgeplänkel zieht die Courage die beiden hinter den Wagen, nachdem diese durch ihre Aufmerksamkeit auch die des Zuschauers auf Kattrin gelenkt haben. Folgt das Politisieren am Wagen und die Pantomime Kattrins. Sie ahmt Yvette nach, denselben Weg nehmend. Der Alarm setzt ein mit Zeugmeister und Soldaten, die von rechts hinten gelaufen kommen. Der Koch geht in dieser Richtung ab, nachdem die Courage zur Kanone gelaufen ist, ihre Wäsche zu retten, Kattrin zum Faß, ihre Füße zu verbergen.

Wichtig

Wichtig die nie erlahmende Arbeitswilligkeit der Courage. Sie wird kaum je gesehen, ohne daß sie arbeitet. Diese Tüchtigkeit ist es, welche die Erfolglosigkeit der Courage erschütternd macht.

Winzige Szene

Die winzige Szene zu Beginn von 3, in der Heeresgut verschoben wird, zeigt die allgemeine, natürliche Korruption in den Feldlagern des großen Glaubenskrieges. Der redliche Sohn hört mit dem einen Ohr zu, wie etwas sehr Gewöhntem; seine Mutter verbirgt den unredlichen Handel nicht vor ihm, ermahnt ihn aber, seinerseits redlich zu sein, da er einfältig ist. Die Befolgung des Rats wird ihm das Leben kosten.

Yvette Pottier

Die stumme Kattrin hat das Vorbild der Yvette vor Augen. Sie selbst muß schwer arbeiten, die Lagerhure trinkt und faulenzt. Auch für Kattrin würde die einzige Form der Liebe, die ihr im Krieg geboten wird, die Prostitution sein. In einem Lied zeigt Yvette, daß andere Formen zu schweren Schädigungen führen. Zuzeiten wird die Hure mächtig, indem sie sich teuer verkauft. Mutter Courage, die nur Stiefel verkauft, muß ihren Wagen verzweifelt gegen sie verteidigen. Moralisch verurteilt die Courage Yvette natürlich nicht, etwa wegen der besonderen Form ihres Handels.

Der Obrist

Der Obrist, den die Lagerhure anschleppt, ihr den Planwagen der Courage zu kaufen, ist schwer zu spielen, da er ein pures Negativum ist. Die Figur hat nur zu zeigen, mit welchem Preis die Lagerhure ihren Aufstieg erkauft; so muß sie grausig sein. Pilz zeichnete das Alter des Obristen in feiner Weise, indem er ihn eine feurige Leidenschaft mimen ließ, der er keinen Augenblick gewachsen war. Gleichsam auf das Stichwort brach die Geilheit hervor, und der Greis schien seine Umgebung zu vergessen. Unmittelbar darauf vergaß er dann die Geilheit und stierte abwesend ins Nichts. Einen kühnen Effekt brachte der Schauspieler mit dem Stock hervor. In den leidenschaftlichen Augenblicken drückte er ihn so zu Boden, daß er sich bog, und schnellte sofort wieder zurück, was unwiderstehlich komisch die grausig aggressive Impotenz andeutete. Nur beträchtliche Eleganz der Ausführung hält derlei im Rahmen des guten Geschmacks.

Detail

Die stumme Kattrin, fertig mit dem Wäschehängen, starrt offenmäulig auf die Besucher aus dem Zelt des Feldhauptmanns. Der Koch erweist ihr die Ehre einer besonderen Beachtung, wenn er der Courage hinter den Wagen folgt. Das ist es wohl, was die Stumme auf den Gedanken bringt, Yvettes Waffen zu stehlen.

Diesseits und jenseits

Während auf der einen Seite des Planwagens mit offenem Hohn vom Krieg gesprochen wird, eignet sich die stumme Kattrin einiges Handwerkszeug der Lagerhure an und übt deren wiegenden Gang, den sie eben gesehen hat. Der Gesichtsausdruck der Hurwicz dabei war tiefernst und angestrengt.

»Ein feste Burg ist unser Gott«

Der erste Teil der *Kattrin-Pantomime* fand erst nach »Ich hab mich nicht getäuscht in ihrem Gesicht« statt. (Der Koch fügte ein: »Und der Krieg ist ein Glaubenskrieg«.) Damit stellten sich Courage, Koch und Feldprediger an der Seite des Wagens auf, daß sie Kattrin nicht sehen konnten, und stimmten »Ein feste Burg ist unser Gott« an. Sie sangen es stimmungsvoll und sich immerfort scheu umschauend, als sei es im schwedischen Lager ein illegales Lied.

Der Überfall

Es muß herauskommen, daß die Courage derlei kriegerische Überraschungen gewohnt ist und sie meistert. Bevor sie die Kanone retten läßt, rettet sie ihre Wäsche. Dem Feldprediger verhilft sie zu einer Verkleidung, der Tochter beschmiert sie das Gesicht, den Sohn ermahnt sie, die Kasse wegzuwerfen, die schwedische Fahne zieht sie ein. All dies tut sie mit Routine, jedoch keineswegs kalten Bluts.

Die Bergung der Kanone beim Überfall

wurde in der Neueinstudierung exakt ausgearbeitet. Der Zeugmeister stand mit dem Rücken zum Publikum, auf den Fußzehen wippend und ab und zu die Hände vom Rücken nehmend, um den zwei Landsknechten an der Kanone mit sehr bestimmten, aber widersprechenden Gesten zu bedeuten, wie sie die Kanone losmachen sollen. Es gelingt nicht.
Der Zeugmeister wendet sich angewidert ab und sieht grinsend dem Feldprediger zu, der sich drücken möchte; der würdige Herr ist offenbar zu feige, die Flucht zu ergreifen.

Das Essen

Die Courage hat es sich gerichtet. Die kleine Familie, vermehrt um den neuen Knecht, der am Morgen noch Prediger war, wirkt noch ein wenig zerzaust, sie sehen sich noch um beim Gespräch wie Gefangene, aber die Mutter macht schon wieder Witze, die Katholischen kaufen ebenso Hosen wie die Lutherischen. Sie wissen noch nicht, daß andrerseits bei den Katholischen die Redlichkeit ebenso lebensgefährlich ist wie bei den Lutherischen.

Der Feldprediger

Der Feldprediger hat einen Unterschlupf gefunden. Er hat seinen eigenen Eßnapf, und er macht sich linkisch nützlich, schleppt Schäffer mit Wasser, putzt Besteck und so weiter. Im übrigen ist er noch fremd; aus diesem Grund oder auf Grund seines Phlegmas zeigt er keine übertriebene Teilnahme an der Tragödie des redlichen Sohns. Wenn die Courage ihren zu langen Handel um den Sohn treibt, blickt er auf sie wie eben auf seine Brotgeberin.

Schweizerkas

Es scheint schwierig für Schauspieler, ihr Mitleid mit der Figur, die sie spielen, zu unterdrücken und ihr Wissen um den baldigen Tod sich nicht anmerken zu lassen. Gerade das macht den Schweizerkas, wenn er gefaßt wird, rührend, daß er zu seiner Schwester ohne Vorahnungen gesprochen hat.

Bruder und Schwester

Das kleine Gespräch zwischen der stummen Kattrin und dem Schweizerkas ist ruhevoll und nicht ohne Zartheit. Kurz vor der Zerstörung zeigt sich noch einmal, was zerstört wird.
Die Szene geht auf ein altes japanisches Stück zurück, in dem zwei Knaben Freundschaft schließen, indem einer dem anderen einen fliegenden Vogel und dieser ihm eine Wolke zeigt.

Detail

Da die stumme Kattrin zu aufgeregt gestikuliert, wenn sie

ihrer Mutter die Verhaftung des Schweizerkas berichtet, versteht diese sie nicht und sagt: »Nimm die Händ, ich mag nicht, wenn du wie ein Hund jaulst, was soll der Feldprediger denken, dem graust's doch.« Die Hurwicz ließ die Kattrin sich ruckhaft fassen und nicken. Dieses Argument versteht sie, es ist mächtig.

Detail
Während des Verhörs durch den Feldwebel in Anwesenheit des Schweizerkas kramte die Courage in einem Korb, eine beschäftigte Geschäftsfrau, die keine Zeit für Formalitäten hat. Aber nach dem Satz »Und renkt ihm nicht das Schulterblatt aus!« rannte sie den Soldaten nach, die den Schweizerkas abführten.

Die Courage der Giehse
Der Schweizerkas ist weggeführt worden. »Und renkt ihm nicht das Schulterblatt aus!« brüllend, vollführt die Courage der Giehse neben ihrem Wagen und gedeckt durch diesen, wild den Boden stampfend, einen wahren Verzweiflungstanz. Sie muß ihre Verzweiflung verstecken und kann selbst ihren Appell an die Quäler ihres Sohnes nur pro forma äußern.

Die drei Gänge der Yvette
Dreimal läuft die Lagerhure um den Sohn der Courage und um ihren Planwagen. Ihr Zorn wechselt vom bloßen Zorn über den Schwindelversuch der Courage, welche sie aus der Regimentskasse auszahlen will, über in den Zorn über den Verrat der Courage an ihrem Sohn.

Kattrin und der Handel um den Schweizerkas
Die stumme Kattrin ist nicht realistisch gezeichnet, wenn man ihre Gutartigkeit so betont, daß man sie zum Beispiel gegen das Herunterhandeln der Bestechungssumme für den Bruder sein läßt. Sie läuft vom Messerputzen weg, wenn sie zu

erkennen anfängt, daß der Handel zu lang geht. Und wenn sie, nach der Exekution von Yvette vorgeschickt, zu ihrer Mutter mit abgewendetem Gesicht geht, so mag darin ein Vorwurf liegen – vor allem aber kann sie ihr nicht ins Gesicht sehen.

Die Verleugnung
Die Courage sitzt, neben ihr steht ihre Tochter, deren Hand sie hält. Wenn die Kriegsleute mit dem Toten hereinkommen und sie aufgefordert wird, ihn anzuschauen, steht sie auf, geht hin, schaut ihn an, schüttelt den Kopf und geht zurück, sich zu setzen. Während des Ganzen hat sie einen verbissenen Ausdruck; die Unterlippe ist vorgeschoben. Die Kühnheit der Weigel bei der Preisgabe der Figur erreichte hier den Höhepunkt.
(Der Darsteller des Feldwebels kann das Erstaunen des Zuschauers anführen, indem er erstaunt über solche Härte sich zu seinen Leuten umblickt.)

Beobachtung
Der Ausdruck des äußersten Schmerzes nach dem Anhören der Salve, der schreilos geöffnete Mund bei zurückgebogenem Kopf stammt vermutlich von der Pressephotographie einer indischen Frau, die während der Beschießung von Singapore bei der Leiche ihres getöteten Sohnes hockt. Die Weigel muß sie vor Jahren gesehen haben, wiewohl sie sich auf Befragen nicht daran erinnerte. So gehen Beobachtungen in den Fundus der Schauspieler ein. – Die Weigel nahm diese Haltung übrigens erst in späteren Vorstellungen ein.

Die Courage der Giehse
Vor der Verleugnung, wenn die stumme Kattrin, geschickt von der Lagerhure, sich unwillig neben sie stellt, lehnt sie sich in einem Augenblick der Schwäche an die Tochter und faßt nach ihrer Hand. Sie läßt sie schnell fahren, wenn die Landsknechte mit der Bahre des Schweizerkas kommen. Ihr Gang

vom Faß zur Bahre und zurück ist wiegend und frech, und an der Bahre steht sie kerzengerade, in einer herausfordernden, ja eitlen Haltung, als folge sie lediglich einer beleidigenden Zumutung. Wenn die Bahre weggetragen ist, fällt sie ohne Übergang und lautlos vornüber vom Hocker.

VIERTE SZENE

DAS LIED VON DER GROSSEN KAPITULATION

Mutter Courage sitzt vor dem Zelt des Rittmeisters, um sich wegen Beschädigung ihres Planwagens zu beschweren. Ein Schreiber rät ihr vergebens, fünfe grad sein zu lassen · Ein junger Landsknecht kommt, sich ebenfalls zu beschweren. Sie bringt ihn davon ab · Das bittere Lied von der Großen Kapitulation · Durch die Belehrung, die sie dem jungen Landsknecht erteilt hat, selber belehrt, geht auch sie weg, ohne sich beschwert zu haben.

Grundarrangement

Mutter Courage sitzt vor dem Zelt des Rittmeisters, um sich wegen Beschädigung ihres Planwagens zu beschweren. Ein Schreiber rät ihr vergebens, fünfe grad sein zu lassen. Der Schreiber tritt zur Bank, auf der die Courage sitzt, und redet ihr gut zu. Sie bleibt verstockt.
Ein junger Landsknecht kommt, sich ebenfalls zu beschweren. Sie bringt ihn davon ab, da sein Zorn zu kurz sei. Zwei Landsknechte kommen; der ältere hält den jüngeren tätlich ab, ins Zelt des Feldhauptmanns zu dringen. Die Courage mischt sich ein und verwickelt den jungen Menschen in ein Gespräch über die Gefährlichkeit kurzer Zorneswallungen.
Das bittere Lied von der Großen Kapitulation. Der junge Landsknecht, dessen Zorn verraucht ist, geht fluchend weg.

Durch die Belehrung, die sie dem jungen Landsknecht erteilt hat, selber belehrt, geht auch die Courage weg, ohne sich beschwert zu haben.

Gemütsverfassung der Courage zu Beginn der Szene
In den ersten Proben eröffnete die Weigel diese Szene in einer Haltung der Niedergeschlagenheit. Dies war nicht richtig.
Die Courage lernt, indem sie lehrt. Sie lehrt und lernt die Kapitulation.
Die Szene verlangt Erbitterung zu Beginn und Niedergeschlagenheit am Ende.

Schlechtigkeit der Courage
Die Schlechtigkeit der Courage ist in keiner Szene größer als in dieser, wo sie den jungen Menschen die Kapitulation vor den Oberen lehrt, um sie selber durchführen zu können. Und doch zeigt das Gesicht der Weigel dabei einen Schein von Weisheit und sogar Adel, und dies ist gut. Es ist nämlich nicht die Schlechtigkeit ihrer Person so sehr als die ihrer Klasse, und sie selbst erhebt sich wenigstens dadurch darüber ein wenig, daß sie Einsicht in diese Schwäche, ja Zorn darüber zeigt.

Die Abgänge
Der Schauspieler Schaefer führte als junger Soldat einen merkwürdigen Gang vor. Die Courage beschimpft habend, ging er ab, als bewegten ihn einzig noch seine Füße, mit hängenden Kniekehlen und halben Weges zwei Schritte zurück zur Courage tuend (ohne die große, unaufhaltsame Figur des Ganges zu unterbrechen), als wolle er noch etwas zu ihr sagen, gebe dies aber ebenfalls auf; kurz, wie ein Ochse, der auf den Kopf geschlagen wurde und nicht weiß wohin.
Die Courage der Weigel hingegen ging schnell ab, den Kopf gesenkt, in gerader Linie.

Die Courage der Giehse
Dem Lied von der Großen Kapitulation gab die Giehse eine aggressive Wendung, indem sie beim letzten Refrain das Publikum mit einbezog – sie trat auf in der »Stadt der Bewegung« und der Remilitarisierung.
Ihren Züricher Szenenschluß, mit dem in militärischer Zu-Befehl-Haltung gesprochenen »Ich beschwer mich nicht«, gab sie für den Münchener Szenenschluß auf; die Courage ging mit gesenktem Kopf die Rampe entlang am Schreiber vorbei ab, wodurch die Niederlage betont wurde.

Die Szene, gespielt ohne Verfremdung
Eine solche Szene ist gesellschaftlich verhängnisvoll, wenn die Darstellerin der Courage das Publikum durch hypnotisches Spiel einlädt, sich in sie einzuleben. Das Publikum wird nur eigene Neigungen zu Resignationen und Kapitulationen stärken – und außerdem und dazu noch sich den Genuß verschaffen, über sich selbst zu stehen. Die Schönheit und Anziehungskraft eines gesellschaftlichen Problems wird es nicht zu fühlen bekommen.

FÜNFTE SZENE

MUTTER COURAGE VERLIERT VIER OFFIZIERSHEMDEN, UND DIE STUMME KATTRIN FINDET EINEN SÄUGLING

Nach einer Schlacht · Die Courage verweigert dem Feldprediger ihre Offiziershemden, mit denen er verwundete Bauersleute verbinden will · Die stumme Kattrin bedroht ihre Mutter · Kattrin birgt unter Lebensgefahr einen Säugling · Die Courage beklagt den Verlust ihrer Hemden und entreißt einem Landsknecht, der Schnaps gestohlen hat, einen erbeuteten Mantel dafür, während Kattrin das erbeutete Kind wiegt.

Grundarrangement

Nach einer Schlacht. Die Courage steht mit zwei Landsknechten vor ihrem Wagen, dessen Seitenbrett für den Schankbetrieb herabgelassen ist. Kattrin sitzt auf der Wagentreppe und ist unruhig. Die Courage stürzt zwei Schnäpse hinunter; sie braucht Schnaps für ihre Härte angesichts des Elends.

Die Courage verweigert dem Feldprediger ihre Offiziershemden, mit denen er verwundete Bauersleute verbinden will. Der Feldprediger schreit aus dem zerschossenen Bauernhof heraus nach Leinen. Kattrin wird von ihrer Mutter gehindert, aus dem Wagen Offiziershemden zu holen. Die Courage hockt sich bockbeinig auf die Wagentreppe und läßt niemanden hinein.

Die stumme Kattrin bedroht ihre Mutter. Der Feldprediger hat aus dem Haus zusammen mit dem einen Landsknecht eine verwundete Frau herausgeschafft, danach einen alten Bauern, dessen Arm herabhängt. Er verlangt von neuem Leinen, und alle blicken auf die Courage, die sich in Schweigen hüllt. Zornig ergreift Kattrin eine Planke und bedroht die Mutter. Der Feldprediger muß sie ihr entwinden. Er hebt die Händlerin auf, setzt sie auf eine Truhe und holt sich Offiziershemden.

Kattrin birgt unter Lebensgefahr einen Säugling. Noch sich raufend mit dem Feldprediger, sieht die Courage ihre Tochter in das vom Einsturz bedrohte Haus laufen, einen Säugling zu retten. Hin und her gerissen zwischen Kattrin und den Offiziershemden rennt sie herum, bis die Hemden zerrissen sind und Kattrin mit dem Säugling aus dem Haus kommt. Nun verfolgt sie diese, ihr das Kind abzujagen. (Gänge: Kattrin läuft mit dem Säugling entgegen der Uhrzeigerrichtung um die Verwundeten herum, dann in der Uhrzeigerrichtung um den Wagen herum.) Ihre Mutter bleibt mitten auf der Bühne stehen, da der Feldprediger mit den Hemden aus dem Wagen kommt. Kattrin setzt sich auf die Truhe rechts.

Die Courage beklagt den Verlust ihrer Hemden und entreißt einem Landsknecht, der Schnaps gestohlen hat, einen erbeuteten Mantel dafür, während Kattrin das erbeutete Kind wiegt. Nach einem wahren Tigersprung auf den zechprellerischen Landsknecht stopft Mutter Courage den Pelzmantel in den Wagen.

Eine andere Courage
Bei der Courage ist eine Änderung vor sich gegangen. Sie hat den Sohn dem Wagen geopfert, so verteidigt sie den Wagen jetzt wie eine Tigerin. Durch hartes Handeln hat sie sich verhärtet.

Detail
Zu Beginn der Szene (nach »Siegesmärsch spielen sie auf, aber den Sold zahlens nicht aus«) stürzte die Courage der Weigel zwei Schnäpse hinunter. Dies genügte ihr als ein mildernder Umstand für das Feilschen, Keifen und Toben der Courage durch die ganze Szene.

Detail
Zwischen dem Soldaten, der von der Courage keinen Schnaps bekommt, und dem Soldaten, der an dem Servierbrett längs des Planwagens Schnaps trinkt, war ein kleines Spiel. Es brachte das feindliche Verhältnis zwischen dem, der hat, und dem, der nichts hat, zum Ausdruck. Der Trinkende grinst höhnisch und leert sein Glas demonstrativ genußvoll, der zu spät Gekommene starrt ihn lange feindselig an, bevor er sich angewidert und besiegt umdreht und nach hinten geht – auf eine Gelegenheit wartend, an den Schnaps zu kommen. Später wird der Trinkende mehr Herz gegenüber der verwundeten Bäuerin zeigen als der Durstige.

Die Widersprüche dürfen nicht verschwinden
Der Schauspieler Hinz hatte dem Feldprediger, aufgebaut auf dem Widerspruch zwischen Schubjak und überlegenem

Geist, körperlich etwas Hölzernes, Unbeholfenes und Komisches gegeben. All dies behielt er bei seiner Samaritertätigkeit bei. Er handelte mit Kälte, lediglich als bewege ihn sein einstmaliges Seelsorgeramt, seiner jetzigen Brotgeberin in den Rücken zu fallen, aber es schien noch etwas anderes durch: Seine einstmals gehobene Stellung verschaffte ihm die Führung auf dem Schlachtfeld, in einem Geist, der davon kam, daß er selber letztlich zu den Unterdrückten gehörte. Wenn er den Beschädigten hilft, wird es offenbar, daß es schade auch um ihn ist.

Die Szene, abhängend vom Pantomimischen

Die Wirkung der Schlachtfeldszene hängt völlig von der minutiösen Pantomime ab, in der die Darstellerin der stummen Kattrin den steigenden Zorn über die Unmenschlichkeit der Mutter zeigt. Die Schauspielerin Angelika Hurwicz lief zwischen den verwundeten Bauersleuten und der Courage hin und her wie eine aufgestörte Mutterhenne. Sie unterdrückte nicht die wollüstige Neugier infantiler Personen am grausigen Geschehen, bevor sie mit der Mutter gestisch zu argumentieren begann. Den Säugling trug sie aus dem Haus wie eine Diebin; am Schluß der Szene hob sie ihn mit beiden Armen schubsend hoch, wie um ihn lachen zu machen. Hat ihre Mutter den Pelzmantel, hat sie den Säugling als Beuteanteil.

Kattrin

In der Schlachtfeldszene bedroht die stumme Kattrin ihre Mutter mit dem Erschlagen, weil sie den verwundeten Bauern ihr Leinen verweigert. Es ist notwendig, die stumme Kattrin von Anfang an als intelligent zu zeigen. (Ihr Gebrechen verführt Schauspieler dazu, sie als dumpf zu zeigen.) Sie ist am Anfang frisch und heiter, von ausgeglichener Gemütslage – die Hurwicz gab ihr sogar in dem Gespräch mit dem Bruder der dritten Szene eine Art von unbeholfenem Charme. Die sprachliche Unbeholfenheit teilt sich wohl ihrem Körper mit,

jedoch ist es der Krieg, der sie bricht, nicht ihr Gebrechen; technisch gesprochen: der Krieg muß etwas zum Brechen vorfinden.
Es wird alles versäumt, wenn ihre Kinderliebe als etwas dumpf Tierisches denunziert wird. Die Rettung der Stadt Halle ist ein intelligenter Akt. Wie sonst könnte herauskommen, was herauskommen muß, nämlich, daß hier der Hilfloseste bereit ist zu helfen.

Detail
Am Schluß der Szene hob die stumme Kattrin den Säugling hoch, während die Courage den Pelzmantel rollte und in den Planwagen warf: Die beiden Frauen hatten ihren Beuteanteil.

Musik und Pausen
Die fünfte (Schlachtfeld-)Szene wurde auf Musik und Pausen gestellt.
Siegesmarsch: Von Beginn bis »Hilf mir einer«.
Von nach »Mein Arm ist hin« bis »Ich geb nix«.
Von nach »... und ist glücklich in all dem Jammer« bis Schluß der Szene.
Pausen nach:
»Die Stadt muß ihm was gezahlt haben.«
»Wo ist das Leinen?«
»Das Blut kommt durch.«

SECHSTE SZENE

BEGINNENDER WOHLSTAND, ABER DIE STUMME KATTRIN WIRD VERUNSTALTET

Mutter Courage, zu Wohlstand gelangt, macht Inventur. Leichenrede auf den gefallenen Feldhauptmann Tilly · Gespräche über die Dauer des Krieges. Der Feldprediger beweist, daß

der Krieg lang dauern wird · Die stumme Kattrin wird weggeschickt, neue Waren einzukaufen · Die Courage lehnt einen Heiratsantrag ab und besteht auf Brennholz · Die stumme Kattrin ist von Landsknechten für immer verunstaltet worden und weist die roten Schuhe der Lagerhure zurück · Mutter Courage verflucht den Krieg.

Grundarrangement

Mutter Courage, zu Wohlstand gelangt, macht Inventur. Leichenrede auf den gefallenen Feldhauptmann Tilly. Die Courage unterbricht ihr Warenzählen, um Landsknechten, die das Begräbnis schwänzen, Branntwein auszuschenken. Sie weist die Durchbrenner tugendhaft zurecht und beklagt die Feldhauptleute, weil das Volk ihre großen Pläne nicht genug unterstützt, während sie in einer Zinnbüchse nach Würmern sucht. Der Regimentsschreiber belauscht sie vergebens, um sie bei einer ungebührlichen Äußerung zu ertappen.
Gespräch über die Dauer des Krieges. Der Feldprediger beweist, daß der Krieg lang dauern wird. Der rechte Teil der Bühne ist der private, links ist der Ausschank und der Gästetisch mit Schreiber und Prediger. Es gibt ein Spiel zwischen rechts und links, wenn der trinkende Soldat Kattrin zusingt und sie ihm zulächelt, und die Courage kommt mit dem Bündel Schnallengürteln, die sie abzählt, an den Tisch, um den Feldprediger Schankknecht über seine Meinung von der Länge des Krieges zu befragen. Während der ganzen Zeit seiner zynischen Ausführungen steht sie in Nachdenken versunken: Soll sie neue Waren kaufen?
Die stumme Kattrin wird weggeschickt, neue Waren einzukaufen. Der Feldgeistliche Schankknecht äußert, daß der Krieg noch lange gehen wird, und Kattrin läuft zornig hinter den Wagen. Die Courage lacht, holt sie zurück und schickt sie mit einem großen Korb ins Lager, Waren zu kaufen. »Laß dir nichts wegnehmen; denk an deine Aussteuer, Kattrin!«

das theater des neuen zeitalters
ward eröffnet als auf die bühne
des zerstörten berlin
der planwagen der courage rollte.
ein und ein halb jahre später
im demonstrationszug des 1. mai
zeigten die mütter ihren kindern
die weigel und
lobten den frieden.

Bertolt Brecht an Helene Weigel zum 1. Mai 1950

Die Courage lehnt einen Heiratsantrag ab und besteht auf Brennholz. Die Courage hat sich auf einem Schemel an ihrem Wagen niedergelassen, stopft eine Pfeife und fordert den Schankknecht auf, ihr etwas Brennholz zu hacken. Er hackt ungeschickt Brennholz, beschwert sich über das Brachliegen seiner Gaben und schlägt ihr vor, wohl um körperlicher Arbeit zu entgehen, ihn zu ehelichen. Sie deutet ihm an, daß sie in ihre Marketenderei niemanden hereinlassen will, und führt ihn freundlich zum Hackblock zurück.
Die stumme Kattrin ist von Landsknechten für immer verunstaltet worden und weist die roten Schuhe der Lagerhure zurück. Herein stolpert Kattrin, behängt mit Korb und Waren. Sie sinkt am Zelteingang nieder, und die Courage muß sie zu ihrem Hocker schleppen und sie verbinden. Die roten Schuhe, die die Mutter holt, sie zu trösten, weist Kattrin zurück, sie nützen nichts mehr. Mit stummem Vorwurf kriecht sie in den Wagen.
Mutter Courage verflucht den Krieg. Langsam holt die Courage die neuen Waren, von Kattrin mit solchem Einsatz verteidigt, nach vorn und kniet damit an der Stelle, wo sie zu Beginn der Szene Inventur gemacht hat, nieder, auch sie zu überprüfen. Sie erkennt den Krieg als eine unwürdige Einnahmequelle, und zum ersten und letzten Male verflucht sie den Krieg.

Inventur
Wieder ist die Courage verändert. Zunehmender Wohlstand hat sie weicher und menschlicher gemacht. Beides zieht den Feldprediger an, so daß er ihr einen Antrag macht. Zum erstenmal sehen wir sie einen Augenblick in Ruhe sitzen, ohne daß sie arbeitet.

Begräbnisrede der Courage auf Tilly
Im Laufe der Vorstellungen wurde erkannt, daß die Rede über den toten Feldhauptmann von der Courage leichter ge-

halten werden konnte, wenn in der Pause, in der alle nach hinten schauen, wo der Trauermarsch laut und feierlich geworden ist, der leicht angetrunkene Schreiber die ihre Begräbnisrede haltende Courage scharf beobachtet, sich dabei vom Sitz erhebend, da ihm so ist, als verhöhne sie den Feldhauptmann. Er setzt sich enttäuscht nieder, wenn die Courage so geredet hat, daß ihr nichts nachzuweisen ist.
(Die Pause während des Trauermarsches muß lang sein, sonst wirkt die Begräbnisszene nicht richtig.)

Detail
In die Begräbnisrede auf den Feldhauptmann Tilly (»Mir tut so ein Feldhauptmann oder Kaiser leid«) fügte die Weigel nach »Er weiß es nicht besser«, in eine Zinnbüchse schauend, ein »Jesses, in den Zwieback sind mir die Würmer gekommen«. Dabei lachte sie. Hier nämlich entlädt sich die Heiterkeit der Courage, der sie, vom Schreiber beobachtet, in der subversiven, aber nicht leicht zu inkriminierenden Rede nicht Ausdruck verleihen darf.

Pantomimisches
Die Ausführungen des Feldpredigers über die Langlebigkeit des Krieges dürfen sich nicht verselbständigen. Sie bilden die Antwort auf die besorgte Frage der Courage, ob sie dem Krieg trauen und neue Waren kaufen soll. Die Weigel brachte während der Redereien pantomimisch die Nachdenklichkeit und das Kalkulieren der Courage zum Ausdruck.

Detail
Der betrunkene Landsknecht singt sein Lied der stummen Kattrin zu. Sie lächelt ihn an. Dies erinnert den Zuschauer vor ihrer Entstellung noch einmal an ihre Liebesfähigkeit.

Zu beachten
Gewaltsame Beschäftigungen veranlassen die Schauspieler,

laut zu werden. Wenn der Darsteller des Feldpredigers beim Holzhacken hin und wieder laut wurde, litt die Szene.

Der Feldprediger Geschonnecks

Hinz, in der ersten Berliner Aufführung, haute die Figur wie mit der Axt aus. Geschonneck, saftig und prall, gab mehr Aufschlüsse. In der Szene im Zelt des Feldhauptmanns deutete er, wenn dieser ihm verächtlich einen Schwupp Wein über den Talar gießt, durch ein »humorvolles« Lächeln dem jungen Eilif an, daß derlei als rauher Spaß anzusehen sei, nicht als Herabsetzung des Boten Gottes beim lutherischen Heer. Er sang das Horenlied still und bitterlich; man sah gleichsam wieder einen jüngeren Geistlichen in der Universitätsstadt Upsala vor sich. Auch dieser Krieg war einst etwas anderes gewesen, als er begonnen hatte, nicht ohne Ideale. Und Geschonneck addierte noch einen schönen Zug. In der 3. Szene kommt er mit der Courage vom Einkaufen zurück. Die stumme Kattrin läuft ihnen entgegen und wird von der Mutter aufgefordert, ruhig zu berichten, nicht jaulend wie ein Hund, daß es dem Feldprediger grause. Der Feldprediger widersprach dem mit einer ungemein zarten, betretenen Geste.

In der 6. Szene geht der Feldprediger Geschonnecks nach dem Abgang der Kattrin unauffällig zur Tafel am Schanktisch, auf der die Courage die Getränke angekreidet hat, die er als Verlierer im Damespiel nun bezahlen muß, und wischt einen der Kreidestriche weg. Dabei zeigt er, daß er diese Unwürdigkeit, zu der ihn seine traurige Lage bringt, einsieht und beklagt.

Diese kleine Pantomime hilft der folgenden Szene mit dem Heiratsantrag: Engere Beziehungen zwischen ihm und der Courage würden so etwas überflüssig machen.

Kattrin

Die Verwundete, wieder auf der Truhe hockend wie während des Gesangs des betrunkenen Landsknechts, faßt sich nur ein-

oder zweimal vorsichtig an die Stirn, um sich zu vergewissern, wo die Wunde wohl sitze; im übrigen zeigt sie nur durch die Willfährigkeit, mit der sie sich verbinden läßt, daß sie weiß, was die Narbe für sie bedeuten wird. Ihre Nichtbeachtung der roten Stöckelschuhe der Yvette und wie sie sich in den Wagen verkriecht, enthält einen Protest: sie gibt ihrer Mutter die Schuld am Unglück.

Widersprüchlichkeit
Die Courage sprach die Verfluchung des Krieges, während sie die Vorräte zusammenklaubte, die zu verteidigen ihre Tochter sich die Verunstaltung geholt hatte.
Ihre Inventur vom Beginn der Szene fortsetzend, zählte sie weiter die frisch hereingekommenen Waren ab.

SIEBENTE SZENE

MUTTER COURAGE AUF DER HÖHE IHRER GESCHÄFTLICHEN LAUFBAHN

Mutter Courage hat ihr Urteil über den Krieg berichtigt und besingt ihn als guten Brotgeber.

Grundarrangement

Mutter Courage hat ihr Urteil über den Krieg berichtigt und besingt ihn als guten Brotgeber. Von Kattrin und dem Schankknecht Feldprediger gezogen, kommt der Wagen von hinten und fährt an der Rampe entlang. Die Courage geht nebenher, argumentiert mit den Ziehenden und wendet sich dann im Gesang an die Zuschauer. Pause.

Zeichen des Wohlstands
Es schien uns nach etwa 40 Vorstellungen, daß die Courage in der 6. Szene, wenn sie Inventur macht, als Zeichen des

schmalen Wohlstands, zu dem sie gelangt ist, Ringe an den Fingern und eine Kette von Silbertalern um den Hals haben sollte. Aber einer von uns entdeckte nach einigen weiteren Vorstellungen, daß dadurch die Bemerkung der Courage über die Courage der armen Leute litt, und wir bestimmten als den Ort für Zeichen des Wohlstands die 7. Szene. Hier, wo sie ihre Verdammung des Kriegs widerruft, zeigen die Zeichen des Wohlstands, kürzlich erworben, sie, wie es sein soll, als bestochen.
In dieser kurzen Szene führte die Weigel die Courage übrigens als im Vollbesitz ihrer Vitalität vor, wie vordem nur in der 5. (Schlacht-)Szene; jedoch war sie hier heiter, dort finster.

Die Courage der Giehse
Wieder eingedenk, wo sie auftrat, spielte die Giehse diese Szene, nach der die Pause liegt, um jedes Mißverständnis zu vermeiden, betrunken torkelnd, die Flasche schwingend.

ACHTE SZENE

EIN FRIEDE DROHT MUTTER COURAGES GESCHÄFT ZU RUINIEREN. IHR KÜHNER SOHN VOLLBRINGT EINE HELDENTAT ZUVIEL UND FINDET EIN SCHIMPFLICHES ENDE

Courage und der Feldprediger hören ein Gerücht, der Friede sei ausgebrochen · Wiedersehen mit dem Feldkoch · Der Kampf um den Futterplatz · Eine alte Bekannte, die es im Krieg zu etwas gebracht hat. Entlarvung des Pfeifenpieters · Untergang Eilifs, des kühnen Sohns der Courage. Er wird hingerichtet für eine der Missetaten, für die er im Kriege belohnt wurde · Der Friede ist schon wieder zu Ende. Die Courage verläßt den Feldprediger und zieht mit dem Koch weiter, dem schwedischen Heere nach.

Grundarrangement

Courage und Feldprediger hören ein Gerücht, der Friede sei ausgebrochen. Rechts stehen eine alte Frau und ihr Sohn aus der Stadt, die allerlei Hausrat verkaufen wollen. Es ist früh am Morgen, und aus dem Wagen links antwortet mürrisch eine schlaftrunkene Courage. Dann ertönen von rechts Glokken, der Feldprediger kriecht unter dem Wagen hervor, wo er geschlafen hat, und die Courage steckt den Kopf aus dem Wagen. Die alte Frau scheint freudig bewegt, die Courage nicht.
Wiedersehen mit dem Feldkoch. Die Friedensglocken beginnen allerlei Besucher heranzuschwemmen. Zuerst kommt – er, wie alle, von rechts – der Feldkoch, zerlumpt, alle seine Habe in einem Bündel. Der Schankknecht Feldprediger sieht ihn unlustig, aber die Courage, ihr Haar flechtend, schüttelt ihm, auf ihn zulaufend, die Hand. Sie lädt ihn zu einer Holzbank, die vor dem Wagen steht, während der Feldprediger hinter den Wagen geht, sein geistliches Gewand anzulegen. Unter dem Glockengeläute sitzen sie, beinahe wie Liebesleute, und berichten sich von dem Bankerott, den der Friede über sie gebracht hat.
Der Kampf um den Futterplatz. Wenn der Feldprediger zurückkommt – er steht in der Mitte der Bühne wie ein letzter Schneidezahn in einem zahnlosen Mund –, beginnt der Koch ihn abzuschlachten. Wenn die Courage in den Wagen geklettert ist, ihre Hucke zu packen, um die Waren zu verkaufen, die sie gekauft hat, weil der Feldprediger ihr einen langen Krieg versprochen hat, muß der den Koch, der sich schon die Fußlappen auszieht, denn er wird hierbleiben, demütig bitten, ihn nicht aus seiner Bleibe zu verdrängen. Er bekommt ein Achselzucken zur Antwort.
Eine alte Bekannte, die es im Krieg zu etwas gebracht hat. Entlarvung des Pfeifenpieters. Ein neuer Besuch. Gefolgt von einem Bedienten, dick und asthmatisch am Stock, jedoch in schwarzer Seide, tritt die Obristin Starhemberg auf, einstige

Lagerhure. Sie ist aus der Kalesche gestiegen, die Courage zu sehen, und sieht den Feldkoch, den sie als Pfeifenpieter kennt. Sie denunziert ihn grimmig der Courage, die sie kaum abhalten kann, dem Koch mit dem Stock zu Leibe zu gehen.
Untergang Eilifs, des kühnen Sohnes der Courage. Er wird hingerichtet für eine der Missetaten, für die er im Kriege belohnt wurde. Wenn die Weiber fort sind, zieht der Koch finster wieder seine Fußlappen an, und der Feldprediger genießt seinen Triumph. Das Gespräch mündet in ein gemeinsames wehmütiges Gedenken an die schönen Kriegszeiten, da bringen, hergeweht von den Friedensglocken, einige Landsknechte mit Hakenbüchsen einen reich gekleideten Fähnrich, gefesselt, Eilif. Sein Mut fällt zusammen, als er hört, daß seine Mutter weg ist. Der Feldprediger gibt ihm einen Schluck Branntwein und geleitet ihn zur Richtstätte, wieder ein Pfaffe.
Der Friede ist schon wieder zu Ende. Die Courage zieht mit dem Koch weiter, dem schwedischen Heere nach. Der Koch versucht, die stumme Kattrin im Wagen aufzustöbern, um ein Brot zu erbetteln. Da kommt die Courage gerannt, freudestrahlend: der Friede ist wieder um. Der Koch verheimlicht ihr den Tod Eilifs. Gemeinsam mit dem Koch packt sie ihre Siebensachen in den Wagen, und die Fahrt geht ohne den Feldprediger weiter.

Vorbauen
Die Weigel bereitete das Gespräch mit dem Koch in der 8. Szene sehr sorgfältig im Gespräch mit dem Feldprediger in der 6. Szene vor. Sie sprach das »Er war ein netter Mensch« mit etwas besinnlicherer Wärme, als die lustige Abfertigung des Feldpredigers erforderte. Dadurch hatte sie in der 8. Szene ein Publikum, das Bescheid wußte, und konnte dem Koch gegenüber einen trockenen und nüchternen Ton haben, so daß man mit Rührung und Spaß beobachten konnte, wie das Thema des Liebesgesprächs der beiderseitige Ruin ist.

Die Würde der Jämmerlichkeit

In dem Hahnenkampf Feldprediger – Koch erzielte Hinz als Feldprediger eine außerordentliche und natürliche Wirkung, wenn er, plötzlich alle Überheblichkeit lassend, den Koch bat, ihn nicht bei der Courage auszustechen, da er, ein besserer Mensch geworden, seinen Predigerberuf nicht mehr ausüben könne. Seine Angst, den Arbeitsplatz zu verlieren, verlieh ihm eine neue Würde.

Erniedrigungen

Auch der Koch weiß Erniedrigungen zu ertragen. In dem Triumphgespräch mit dem Feldprediger hat er Schuh und Fußlappen ausgezogen wie einer, der ans Ende und Ziel einer langen Wanderschaft gekommen ist. So findet ihn Yvette barfuß, was den alten Don Juan geniert. Bekümmert zieht er sein Fußzeug nach der Enthüllung wieder an, wenn der Feldprediger ihn abkanzelt. Das Um-Essen-Betteln bei der Kattrin spielte Bildt meisterhaft. Er schlug zunächst lässig mit dem Stock an die Trommel, die am Wagen aufgehängt ist, sein Bündel wieder umgehängt, bereit, zu gehen. In den Planwagen hineinredend, gab er den Wörtern »Speck« und »Brot« einen kennerischen Gourmandton: der hungernde Koch.

Gelungener Verkauf

Yvette Pottier ist die einzige Figur des Stücks, die ihr Glück macht; sie hat sich günstig verkauft. Das gute Essen hat sie ebenso entstellt, wie die Narbe Kattrin entstellt hat; sie ist fett, daß man den Eindruck hat, das Fressen sei ihre einzige Leidenschaft geworden. Sie benutzt den Akzent der österreichischen Aristokratie, selbst bei den vulgären Schimpfwörtern »Hurenbock, elendiger!« – »Lump, miserabliger!« – »Abgefeimter Verführer!«, die sie dem Koch zuzischelt, während die Courage dem Feldprediger einige Aufträge erteilt.

Lutz als Yvette

Lutz spielte die Obristin Starhemberg, weiland Lagerhur, eine Rolle, die immer wenig Schwierigkeiten bereitet hatte, nach Proben, wie sie sonst nur für riesige Rollen üblich sind, in der Aufführung des Berliner Ensembles mit Herzklopfen, aber exquisit. Sie stopfte sich aus, bis sie wie eine kleine Tonne aussah, verwandte pfundweise Puder, sprach kurzatmig und trug watschelnd ihren Bauch vor sich her wie eine Sehenswürdigkeit. Dazu schimpfte sie wie ein Roßkutscher. Aber der Zorn auf den einstmaligen Verführer war so gewaltig, daß es schien, als ob sie ihren protzigen Reichtum und hohen Stand verdammte, da sie doch dem elenden Feldkoch dafür die Schuld zuschob. Und durch einen Kunstgriff, den man kaum nennen könnte, gelang es ihr, der grotesk deformierten Person einen Rest der Grazie aufzuheben, die das kindliche Geschöpf der 3. Szene so angenehm gemacht hatte.

Der Ernährer Krieg

Die Courage kommt erschöpft vom Rennen, aber strahlend darüber, daß wieder Krieg ist, aus dem Dorf zurück und läßt sich vergnügt vom Koch die Hucke abnehmen. Neue Geschäfte werden es ihr ermöglichen, den Koch aufzunehmen. Über die Möglichkeit, ihren Sohn wiederzusehen, spricht sie leichten Herzens: »Nun wieder Krieg ist, wird alles sich einrenken.« Sie wird über sein Grab fahren.

Detail

Beim Packen taucht die stumme Kattrin auf. Den Koch erblickend, sieht sie ihn auf die Narbe starren, verbirgt scheu mit der Hand die Narbe und wendet sich weg. Sie ist lichtscheu geworden.

Noch in der 11. Szene hält sie, wenn die Soldaten sie aus dem Wagen zerren, die Hand über das Auge.

DIE ZEITEN SIND SCHLECHT. DER KRIEG NIMMT EINEN UNGLÜCKLICHEN VERLAUF. IHRER TOCHTER WEGEN SCHLÄGT DIE COURAGE EINE BLEIBE AUS

Der Koch hat eine Wirtschaft in Utrecht geerbt · Die stumme Kattrin hört, daß der Koch sie nicht nach Utrecht mitnehmen will · Das Lied von den Anfechtungen großer Geister · Die stumme Kattrin beschließt, ihrer Mutter die Entscheidung zu ersparen, packt ihr Bündel und hinterläßt eine Botschaft · Mutter Courage verhindert Kattrins Flucht und zieht mit ihr allein weiter · Der Koch geht nach Utrecht.

Grundarrangement

Die Zeiten sind schlecht. Der Koch hat eine Wirtschaft in Utrecht geerbt. Bei winterlichem Sturm, in früher Dämmerung, bringen Courage und Feldkoch, beide zerlumpt, den zerlumpten Wagen vor einem Pfarrhaus zum Halten. Der Koch schirrt sich unwillig los und gesteht der Courage, daß er in Utrecht eine Schankwirtschaft geerbt und dorthin will. Er lädt sie ein, mitzukommen. Auf der Deichsel hockend und frierend, beklagt die Courage die ungünstige Geschäftslage: Der Krieg findet nur noch wenig, sich zu ernähren.
Die stumme Kattrin hört, daß der Koch sie nicht nach Utrecht mitnehmen will. Der Koch unterbricht das Gespräch zwischen Mutter und Tochter, in dem vom friedlichen Leben in Utrecht die Rede ist, und winkt sie zu sich auf die Seite (rechts, vor dem Pfarrhaus). Kattrin belauscht, neben dem Wagen versteckt, die Weigerung des Kochs, sie mitzunehmen.
Koch und Courage singen das Lied von den Anfechtungen großer Geister. Während des Bettelliedes überdenkt die Courage verzweifelt das Angebot des Kochs, die vermutlich letzte Aussicht, zu einer Bleibe zu kommen.

Die stumme Kattrin beschließt, ihrer Mutter die Entscheidung zu ersparen, packt ihr Bündel und hinterläßt eine Botschaft. Wenn das Bettellied gesungen ist, hat die Courage ihren Beschluß gefaßt, das Angebot des Kochs abzulehnen. Sie geht noch mit ihm ins Pfarrhaus, der Suppe wegen. Kattrin kommt mit einem Bündel und arrangiert auf der Wagendeichsel eine Hose des Kochs über dem Rock der Mutter.

Mutter Courage verhindert Kattrins Flucht und zieht mit ihr allein weiter. Die Courage entdeckt Kattrin, wie sie sich wegstehlen will. Sie füttert sie wie ein Kind mit einem Teller Suppe und versichert ihr, daß sie nie daran gedacht habe, den Wagen im Stich zu lassen. Sie wirft das Bündel des Kochs und die Hose aus dem Wagen, spannt sich und Kattrin davor und zieht mit ihr los (hinter dem Haus nach rechts).

Der Koch geht nach Utrecht. Der Koch findet die Frauen und den Wagen nicht mehr vor. Er nimmt schweigend sein Bündel auf und macht sich nach hinten rechts auf den Weg nach einer Bleibe, nach Utrecht.

Der Koch

Der Koch darf in dieser Szene unter keinen Umständen als brutal dargestellt werden. Die geerbte Wirtschaft ist zu klein, um drei Leute zu unterhalten, und den Gästen kann der Anblick der entstellten Kattrin nicht zugemutet werden, das ist alles. Die Courage findet seine Argumentation nicht unvernünftig. Die Weigel zeigte deutlich, daß die Courage sich den Vorschlag überlegt – sie überlegt jeden Vorschlag –, indem sie während der ersten Strophe des Bettellieds mit einem Ausdruck, gemischt aus Unentschlossenheit, Angst und Mitleid, zum Wagen hinüberschaut.

Neueinstudierung 1951

Ernst Busch als Koch sang das Bettellied aufrüttelnd, kurzatmig, mit überanstrengter Stimme. Der Koch rechtfertigt seine Härte durch einen Angriff auf die Zeit. Nach dem Lied sprach er mit der Courage besonders behutsam, etwas traurig. Nach dem Imbiß die Treppe hinunterstolpernd und den Wagen nicht mehr vorfindend, läßt er die Pfeife aus dem Mund fallen.

Detail
In dieser Szene, in der ihre Argumente etwas dünn sind, sprach die Courage zu ihrer Tochter wie zu einer Schwerhörigen. Ihr lautes, langsames Sprechen vermittelt auch den Eindruck, daß sie auch im Namen des Kochs spricht, worin sie durchaus nicht sicher ist.

Die Demonstration der Kattrin
Mit dem Auslegen von Hose und Rock versucht Kattrin, ihrer Mutter eine Botschaft zu hinterlassen, warum sie wegging. Die Schauspielerin Hurwicz wies aber auch auf einen Moment von Ressentiment hin, indem sie auf das Pfarrhaus blickte, wo Mutter und Koch jetzt wohl ihre Suppe aßen, dann sich ihr Arrangement beschaute und einen unheimlichen bösartigen Kicherlaut mit der Hand vor dem Munde erstickte, bevor sie sich wegschlich.

Detail
Mit den Worten »Glaub nicht, daß ich ihm deinetwegen den Laufpaß gegeben hab« fütterte die Courage Kattrin mit dem Löffel.

Die Courage der Giehse
In der Szene, wo die Courage die stumme Kattrin von der Flucht zurückhält, fütterte die Weigel sie mit dem Löffel. Die Giehse setzte eine neue schöne Erfindung hinzu: Während sie, den Holzteller umkehrend, die letzten Tropfen der Suppe in den Löffel laufen ließ, zeigte sie durch Betonung und Heraushebung des Wortes »Wagen« – von ihr bayrisch »Woogen« ausgesprochen – die unbeholfene Höflichkeit vieler kleiner

Leute, welche den Opfern, die sie bringen, eigensüchtige Motive unterschieben, um anderen die Demütigung zu ersparen, die Opfer annehmen zu müssen.

In der Neueinstudierung
Nachdem die Courage ihre Tochter gefüttert hat und bevor sie das Zeug des Kochs aus dem Wagen wirft, stellt sie den Teller auf die Treppe des Pfarrhauses. Sie läßt aber Kattrin nicht mehr los, sondern zerrt sie mit sich zur Treppe und dann weiter zum Wagen. Dort nimmt sie ihr das Bündel ab und wirft es zornig hinein.

Die Courage der Giehse
Mühselig hochhumpelnd, verbeugte sich die Courage tief auf halber Treppe, als stünde die Tür ins Pfarrhaus offen. Auch als sie den Teller zurück auf die Treppe stellte, verbeugte sie sich noch einmal tief. Das mühselige Hochklimmen zeigte, wie alt sie war, die da eine Bleibe ausschlug; die Bettlerverbeugung, was für ein Leben sie auf der Straße zu erwarten hatte.
Die Weigel übernahm die Verbeugungen.

Der Koch macht sich auf den Weg nach Utrecht
Derlei muß voll ausgespielt werden: Courage und Kattrin spannen sich vor den Wagen, bewegen ihn ein paar Raddrehungen zurück, um den Bogen um das Pfarrhaus zu machen, und ziehen nach rechts ab. Der Koch kommt, noch kauend an einem Stück Brot, sieht sein Zeug, nimmt es auf und wandert mit weiten Schritten nach hinten weg. Man sieht ihn entschwinden. So sieht man: Die Wege haben sich getrennt.

ZEHNTE SZENE

IMMER NOCH AUF DER LANDSTRASSE

Aus einem Bauernhaus hören Mutter und Tochter das Lied von der Bleibe.

Das Lied in der Münchener Aufführung
Eine schöne Variante der Münchener Aufführung war es, daß das Lied in harter, herausfordernder Selbstsicherheit gesungen wurde. Der anmaßende Besitzerstolz der singenden Bäuerin machte die Lauscher auf der Straße zu Verdammten.

Ausdruck unerwünscht
Die beiden Frauen kommen, den Wagen ziehend. Sie hören die Stimme aus dem Bauernhaus, bleiben stehen, horchen, setzen sich mit ihrem Wagen wieder in Bewegung. Was in ihnen vorgeht, soll nicht gezeigt werden; das Publikum kann es sich denken.

Detail
Wieder losziehend, warf die Weigel in einer der späteren Vorstellungen den Kopf hoch und schüttelte ihn, wie ein müder Schlachtengaul beim Losziehen. Die Geste ist kaum nachahmbar.

ELFTE SZENE

DIE STUMME KATTRIN RETTET DIE STADT HALLE

Die Stadt Halle soll überfallen werden. Landsknechte zwingen einen Bauernsohn, ihnen den Weg zu zeigen · Bauer und Bäuerin fordern die stumme Kattrin auf, mit ihnen für die Stadt Halle zu beten · Die Stumme klettert auf das Stalldach und schlägt die Trommel, um die Stadt Halle zu wecken · Weder das Angebot, ihre Mutter in der Stadt zu verschonen, noch die Drohung, den Wagen zu zertrümmern, halten Kattrin davon ab, weiter zu trommeln · Tod der stummen Kattrin.

Grundarrangement

Die Stadt Halle soll überfallen werden. Landsknechte zwingen einen Bauernsohn, ihnen den Weg zu zeigen. Ein Fähnrich betritt mit zwei Landsknechten nachts einen Bauernhof. Sie holen aus dem Haus die schlaftrunkenen Bauersleute und aus ihrem Wagen die stumme Kattrin. Durch die Androhung, daß der einzige Ochse niedergesäbelt wird, zwingen sie den Bauernsohn, sich zum Führer herzugeben. (Sie führen ihn nach hinten, alle gehen nach rechts ab.)
Bauer und Bäuerin fordern die stumme Kattrin auf, mit ihnen für die Stadt Halle zu beten. Der Bauer lehnt eine Leiter an den Stall (rechts), klettert hoch und stellt fest, daß das Gehölz von Bewaffneten wimmelt. Heruntersteigend bespricht er mit der Bäuerin, daß sie sich nicht durch einen Versuch, die Stadt zu warnen, in Gefahr bringen dürfen. Die Bäuerin geht auf Kattrin zu (nach rechts vorn), fordert sie auf, Gott um Hilfe für die Stadt aufzufordern, und kniet mit ihr und dem Bauern zum Gebet nieder.
Die Stumme klettert auf das Stalldach und schlägt die Trommel, um die Stadt Halle zu wecken. Kattrin entnimmt dem Gebet der Bäuerin, daß die Kinder der Stadt Halle in Gefahr sind. Verstohlen holt sie vom Wagen eine Trommel, dieselbe, die sie eingeholt hatte, als sie verunstaltet wurde, und klettert damit aufs Stalldach. Sie beginnt zu trommeln. Die Bauersleute versuchen vergebens, sie zur Ruhe zu bringen.
Weder das Angebot, ihre Mutter in der Stadt zu verschonen, noch die Drohung, den Wagen zu zertrümmern, halten Kattrin davon ab, weiter zu trommeln. Auf das Trommelgeräusch hin kommen der Fähnrich und die Landsknechte mit dem

Bauernsohn zurückgelaufen, die Landsknechte nehmen vor dem Wagen Aufstellung, und der Fähnrich bedroht die Bauersleute mit dem Degen. Einer der Landsknechte tritt in die Mitte, der Trommelnden Versprechungen zu machen, dann der Fähnrich. Der Bauer läuft zu einem Baumstamm (links vorn) und schlägt mit der Axt auf ihn ein, um den Trommellärm zu übertönen. Kattrin geht aus dem Lärmwettbewerb als Siegerin hervor, der Fähnrich will ins Haus, es anzuzünden, die Bäuerin verweist auf den Wagen. Der eine Landsknecht zwingt den Bauernsohn mit Fußtritten, auf den Wagen einzuhauen, der andere Landsknecht wird weggeschickt, eine Kugelbüchs zu holen. Er pflanzt sie auf, und der Fähnrich befiehlt Feuer.
Tod der stummen Kattrin. Kattrin fällt vornüber, die Schlegel in den sinkenden Händen geben noch einen Schlag und einen Nachschlag; für einen Augenblick triumphiert der Fähnrich, dann antworten die Geschütze von Halle, den Takt der Trommelschläge der stummen Kattrin aufnehmend.

Schlechte Komiker lachen immer, schlechte Tragöden weinen immer

Wie bei den lustigen, so bei den traurigen Szenen kommt es auf die Vereinigung von Präzision und Lässigkeit an, auf die Sicherheit des lockeren Handgelenks bei der Führung der Fabel im Arrangement. Die Schauspieler beziehen ihre Stellungen und bilden ihre Gruppen in der Art, wie bei den rouletteähnlichen Spielzeugen der Kinder die Kugeln, hingestreut, in die Höhlungen der Holzschüssel fallen, wobei es bei diesem Spiel nicht vorbestimmt ist, welche Kugel in welche Höhlung fällt, während es bei den theatralischen Arrangements nur nicht vorbestimmt zu sein scheint. Die Steifheit oder Schwere, die in Deutschland bei traurigen Szenen gemeinhin vorherrscht, kommt auch daher, daß ohne jeden Grund die Körper beim Tragischen vergessen werden und so in einen Muskelkrampf versetzt zu sein scheinen. Ein Unfug!

Die zwei Ängste der stummen Kattrin

Der stummen Kattrin nützt ihre Stummheit nichts, der Krieg hält ihr eine Trommel hin. Sie muß mit der unverkauften Trommel aufs Stalldach klettern, die Kinder der Stadt Halle retten.

Es ist notwendig, das Heldenklischee zu vermeiden. Die stumme Kattrin ist erfüllt von zwei Ängsten: der für die Stadt Halle und der für sich.

»Die dramatische Szene«

Die Trommelszene erregte die Zuschauer in besonderer Weise. Einige erklärten dies daraus, daß sie die meist dramatische des Stücks sei und das Publikum eben das Dramatische dem Epischen vorzöge. In Wirklichkeit ist das epische Theater imstande, noch andere Vorgänge als bewegte Vorgänge, Zusammenpralle, Komplotte, seelische Folterungen und so weiter darzustellen, aber es ist auch imstande, diese darzustellen. Zuschauer mögen sich mit der stummen Kattrin in dieser Szene identifizieren; sie mögen sich einfühlen in dieses Wesen und freudig spüren, daß in ihnen selbst solche Kräfte vorhanden sind – jedoch werden sie sich nicht durch das ganze Stück eingefühlt haben; in den ersten Szenen zum Beispiel kaum.

Verfremdung

Will man die Szene vor einer wilden Aufregung auf der Bühne bewahren, in der alles Bemerkenswerte untergeht, muß man besonders sorgfältig Verfremdungen vornehmen.

Zum Beispiel ist das Gespräch der Bauersleute über den Überfall in Gefahr, einfach »miterlebt« zu werden, wenn es in einen allgemeinen Wirbel hineingerissen wird; es kommt nicht heraus, wie sie ihr Nichtstun rechtfertigen und sich die Notwendigkeit dazu gegenseitig bestätigen, so daß nur das Beten als »Aktion« übrigbleibt.

So wurden die Schauspieler bei der Probe angehalten, nach

ihren Sätzen hinzuzufügen »sagte der Mann« und »sagte die Frau«. Derart:

»›Der Wachtposten wirds rechtzeitig entdecken‹, sagte die Frau.«

»›Den Wachtposten müssen sie hingemacht haben‹, sagte der Mann.«

»›Wenn wir mehr wären‹, sagte die Frau.«

»›Mit dem Krüppel allein hier oben‹, sagte der Mann.«

»›Wir können nix machen, meinst‹, sagte die Frau.«

»›Nix‹, sagte der Mann« und so weiter.

Das Trommeln der stummen Kattrin

Das Trommeln ist unterbrochen, da Kattrin die Vorgänge auf dem Hof immerfort im Auge behält, nach:

»Jesus, was macht die?«

»Euch zerhack ich.«

»Hör du, wir machen dir einen Vorschlag zum Guten.«

»Bei deiner Fresse kein Wunder!«

»Wir müssen den Hof anzünden.«

Details bei stürmischen Vorgängen

Solche Szenen wie die, in der der Bauer versucht, das Trommeln der Kattrin durch Holzhacken zu übertönen, müssen voll ausgespielt werden. Kattrin muß zu dem Bauern beim Trommeln herunterschauen und den Wettkampf aufnehmen. Es bedarf einiger Standhaftigkeit der Regie, in stürmischen Szenen solche Pantomimen lange genug dauern zu lassen.

Detail

Die Hurwicz zeigte beim Trommeln zunehmende Erschöpfung.

Zeremoniencharakter der Verzweiflung

Die Lamentationen der Bäuerin, der die Soldaten den Sohn wegnehmen und den Hof bedrohen, als die stumme Kattrin ihr Wecken und Trommeln beginnt, müssen etwas Abgeleiertes haben, etwas von einer »stehenden Verhaltungsart«. Der Krieg hat schon lange gedauert. Das Jammern, Betteln und Denunzieren ist zu festen Formen erstarrt: so macht man es, wenn die Soldateska auftritt.

Es lohnt sich, auf den »unmittelbaren Eindruck« des anscheinend einmaligen, aktualen Schreckensvorgangs zu verzichten, um tiefere Schreckensstrata zu erreichen, wo das oftmalige, immer wiederkehrende Unglück die Menschen schon zu einer Zeremonisierung der Abwehrgebärden gezwungen hat – die ihnen freilich doch niemals die aktuale Angst ersparen kann. Sie muß in der Darstellung die Zeremonie durchdringen.

Das Alter spielen

Für eine Gastspielreise hatte eine sehr junge Schauspielerin die Gelegenheit, die zumindest vierzigjährige, wohl aber ihrer Klasse entsprechend früh gealterte Bäuerin der 11. Szene zu spielen. In solchen Fällen versucht man für gewöhnlich, von vornherein das Altersbild durch die Verstellung der Stimme und der Bewegungen zu erzeugen, anstatt daß man, unterstellend, die Sätze und Haltungen seien schon in der Rolle die einer Vierzigjährigen, einfach Tonfall um Tonfall und Haltung um Haltung ausfindig macht und damit rechnet, auf diese induktive Art am Ende das Bild einer Vierzigjährigen zu zeigen. Das Alter dieser Bäuerin mußte erzeugt werden durch die Verunstaltungen und Vergewaltigungen, welchen sie unterworfen worden war: den Fehlgeburten und den Gängen hinter den Särgen der früh verstorbenen Kinder, der schweren Arbeit in kindlichem Alter, den körperlichen Züchtigungen von seiten der Eltern und des Mannes, den geistigen Züchtigungen von seiten des Pfaffen, dem Zwang zum Speichellekken und Heucheln und so weiter. Nur so, selber vergewaltigt und denunziert, konnte sie ja zu einer Denunziantin und Opportunistin werden. Ihrer Jugend wegen fiel es der Schauspielerin natürlich auf der Probe schwer, das unselig routinierte Niederknien zum Beten oder zum Um-Gnade-Winseln zu treffen. Das Flehen und das Niederknien waren bei ihr eins, aber bei der Bäuerin mußte zuerst das Niederknien und dann das Flehen kommen, das Ganze als eine bewußte Veranstaltung, oftmals vorgenommen. Und beim Beten hatte sie eine möglichst bequeme Positur einzunehmen, zuerst ein Knie auf den Boden (und daß es nicht zerschunden wurde), dann das andere und dann die Hände über dem Bauch gefaltet: Und dann mußte es ein Vorbeten sein; die Bäuerin lehrt die Fremde das Beten. Hierbei hatte die Schauspielerin einen guten Gedanken, der sie mehr »alt machte«, als eine Verstellung der Stimme es vermocht hätte: nach dem verräterischen Zwiegesprächlein, in dem die Bäuerin und ihr Mann sich gegenseitig versichern, sie könnten nichts für die bedrohte Stadt tun, sah sie die stumme Kattrin bewegungslos dastehen, schlurfte auf sie zu und sah sie vorwurfsvoll an: »Bet, armes Tier, bet!«, als beschuldigte sie die Fremde einer unverzeihlichen Unterlassung, einer Unwilligkeit, etwas zu tun. Das Beten selbst war das übliche leere Geplärr mit dem Wohlgefallen an der eigenen Stimme und den dem Pfaffen abgelauschten Kadenzen, die das Sichfügen in alle gottverhängten Verhängnisse ausdrücken; aber in der Beschreibung der Feinde, die auf die Stadt vorrücken, gab sie zu erkennen, daß ihr die Vorstellung nicht fehlte – was ihre Indifferenz zu einer um so schuldhafteren machte –, und gegen Ende des Gebets zu schien sie beinah in »echtes« Beten hineinzukommen: Sie wurde durch das Beten sozusagen frömmer. All dies ist nicht die Art junger Leute, und die Schauspielerin brachte es fertig, so durch die Sätze und Haltungen, das heißt durch den Realismus davon, sichtbar nach und nach zu altern, besser gesagt, sie altern zu lassen. Freilich ist es bei solchem Verfahren dann nötig, daß das Theater das Endergebnis kalt und ehrlich beurteilt und, sollte das erforderliche Alter der Figur nicht erreicht sein, die Rolle ohne Zögern umbesetzt.

Auch als Regine Lutz die Lagerhure Yvette Pottier spielte,

die den Obristen heiratet, kam es darauf an, das Alter der Obristin aus der Fabel entstehen zu lassen, als ein ganz besonderes Alter. Sie zeigte die Yvette als ein Geschöpf, das der Krieg zur Hure und das Huren zur reichen Obristin gemacht hat. Sie zeigte, was der Aufstieg gekostet hatte. Sie ist rasch gealtert, ihren Jahren voraus. Ihr übriggeblieben als einzige Freuden sind das Fressen und Kommandieren. Diese Freuden haben sie völlig verunstaltet. Sie schleppt watschelnd ihren Bauch vor sich her wie eine Sehenswürdigkeit. Die verächtlich herabgezogenen Mundwinkel lassen den Grad ihrer Verdummung erkennen, sie schnappt wie ein Dorsch auf Land nach Luft. Mit der Rachsucht alter unglücklicher Leute bellt sie auf den Feldkoch ein. Aber immer noch läßt die grotesk deformierte Person die einstige Grazie der Lagerhure ahnen.

In der gleichen Weise probierte die junge Käthe Reichel die Rolle der Handwerkerfrau, die in der 8. Szene zusammen mit ihrem Sohn versucht, der Courage Hausrat zu verkaufen. Da die Szene die Reaktion einiger Leute bei der Nachricht, es sei Friede geschlossen worden, schildert, löste sie ihr Problem ganz und gar aus der Aufgabe dieser Szene und stellte eine ältere Person dar, indem sie die etwas langsamen Reaktionen einer älteren Person zeigte. Wenn von ferne der Ruf »Friede!« kam, schob sie mit der Hand das Kopftuch vom Ohr, und es wirkte weniger wie Schwerhörigkeit, als vielmehr wie eine gewisse Abgeschlossenheit von der Umwelt, die man oft bei alten Leuten findet. Ihr Kopf folgte mit ruckartigen Bewegungen den Äußerungen der Umstehenden, als versuche sie, sich aus ihren Meinungen eine Meinung zu bilden.

Sie begreift, daß Friede ist, und es wird ihr schlecht vor Freude. Aber sie beeilt sich, ihre Fassung wiederzugewinnen, um schnell nach Hause gehen zu können. Sie geht, eine kleine Person, mit weiten Schritten, wie ältere Leute gehen, die ihre Kraft gut einteilen müssen.

Der Fähnrich der Neueinstudierung
war der aufmuckende junge Soldat der 4. Szene. Die Lektion der Courage und einige andere Lektionen scheinen gewirkt zu haben: Die Große Kapitulation hat diesen Menschen zu einem leeren, kalten und brutalen Offizier gemacht. Wiederzuerkennen ist er höchstens an seinem »Ich bin ein Offizier, ich hab ein Ehrenwort«, das einst hieß: »Ich hab was Besonderes gemacht und will mein Trinkgeld haben.«
Die stumme Kattrin arbeitet ihn völlig auf. In der Verzweiflung läßt er ab, seine Untergebenen anzubrüllen, und fleht sie um Ratschläge an. Wenn die Kanonen der durch das Trommeln aufgeweckten Stadt hörbar werden, setzt er sich auf den Boden und trommelt wie ein Kind mit den Fäusten.

Die Landsknechte der Neueinstudierung
zeigen völlige Apathie. Sie überlassen es dem Offizier, sich über das Unternehmen aufzuregen. Die Aktion der stummen Kattrin macht auch auf sie Eindruck, sie genießen die Niederlage ihres Offiziers und grinsen, wenn er nicht hinsieht. Der Landsknecht, der die Kugelbüchse holen muß, trabt mit der bekannten Langsamkeit, die man nicht nachweisen kann. Er gibt dennoch Feuer. Diese Soldaten gleichen nicht den chinesischen Freiwilligen in Korea, von denen der westdeutsche »Spiegel« schreibt: »Die Chinesen stürmten in die US-Minenfelder. Die Soldaten der ersten Wellen ließen sich von den hochgehenden Minen zerfetzen, damit die folgenden durchstoßen konnten. Klumpen toter und sterbender Chinesen hingen im amerikanischen Stacheldraht. Die verblüfften GIs meinten, die Angreifer ständen unter Rauschgift. (Sie waren alle nüchtern, ergaben Untersuchungen von Gefangenen.)«

ZWÖLFTE SZENE

DIE COURAGE ZIEHT WEITER

Bauersleute müssen die Courage überzeugen, daß Kattrin tot ist · Kattrins Wiegenlied · Mutter Courage zahlt für Kattrins Begräbnis und nimmt das Beileid der Bauersleute entgegen · Mutter Courage spannt sich allein vor ihren leeren Planwagen. Immer noch hoffend, wieder in den Handel zu kommen, folgt sie dem zerlumpten Heerhaufen.

Grundarrangement

Bauersleute müssen die Courage überzeugen, daß Kattrin tot ist. Der Wagen steht auf der leeren Bühne. Mutter Courage hält den Kopf der toten Kattrin im Schoß. Die Bauersleute stehen, zusammengedrängt und feindlich, zu Füßen der Toten. Die Courage redet, als schlafe ihre Tochter nur, und überhört geflissentlich den Vorwurf der Bauersleute, sie sei am Tod schuld.
Kattrins Wiegenlied. Das Gesicht der Mutter ist tief auf das Gesicht der Tochter gebeugt. Das Lied besänftigt die Zuhörenden nicht.
Mutter Courage zahlt für Kattrins Begräbnis und nimmt das Beileid der Bauersleute entgegen. Als sie eingesehen hat, daß ihr letztes Kind tot ist, steht die Courage mühsam auf und humpelt um die Leiche (rechts) herum, an der Rampe entlang, hinter den Wagen. Mit einer Blache kommt sie zurück, antwortet dem Bauern auf seine Frage, ob sie niemanden mehr habe, über die Schulter: »Doch, einen. Den Eilif«, und legt die Blache über die Leiche, mit dem Rücken zur Rampe. Am Kopfende der Leiche zieht sie dann die Blache vollends übers Gesicht und stellt sich wieder, mit dem Gesicht zur Rampe, hinter ihr auf. Der Bauer und sein Sohn geben ihr die Hand und verneigen sich zeremoniell, bevor sie die Leiche (nach

rechts) hinaustragen. Die Frau gibt der Courage ebenfalls die Hand, geht nach rechts und bleibt noch einmal unschlüssig stehen. Die Frauen wechseln ein paar Worte, dann geht die Bäuerin.
Mutter Courage spannt sich allein vor ihren leeren Planwagen. Immer noch hoffend, wieder in den Handel zu kommen, folgt sie dem zerlumpten Heerhaufen. Langsam geht die Alte zum Wagen, rollt den Strick auf, an dem bisher die stumme Kattrin mitgezogen hat, nimmt einen Stecken, beschaut ihn, zieht die Schlinge des zweiten Stricks durch, klemmt sich den Stekken unter den Arm und zieht los. Die letzte Strophe des Couragelieds hat begonnen, wenn sie sich zur Deichsel gebückt hat. Die Drehscheibe beginnt sich zu drehen, und die Courage umrundet einmal die Bühne. Die Gardine schließt sich, wenn sie zum zweitenmal nach rechts hinten einbiegt.

Die Bauersleute
Die Einstellung der Bauersleute zur Courage ist feindlich. Sie hat ihnen große Schwierigkeiten verursacht und wird ihnen auf dem Halse bleiben, wenn sie den Anschluß an die Heerhaufen verliert. Auch ist sie, nach ihrer Auffassung, an dem Unfall selber schuld. Und über das hinaus gehört die Marketenderin zu den nicht seßhaften Elementen und nun im Krieg zu den Brandschatzern, Halsabschneidern und Beutemachern im Troß der Heerhaufen. Wenn sie ihr kondolieren, indem sie ihr die Hand reichen, folgen sie lediglich dem Brauch.

Die Verbeugung
Die Weigel zeigte während der ganzen Szene eine fast tierische Abgestumpftheit der Courage. Um so schöner war die tiefe Verbeugung, die sie vollführte, als die Tote weggetragen wurde.

Das Wiegenlied

Das Wiegenlied muß ohne jede Sentimentalität und ohne den Wunsch, Sentimentalität zu erregen, gebracht werden. Sonst wird seine Bedeutsamkeit nicht offenbar. Der Gedanke, der dem Lied zugrunde liegt, ist ein mörderischer: Das Kind dieser Mutter sollte es besser haben als andere Kinder anderer Mütter. Durch eine leichte Betonung des »du« zeigte die Weigel diese verräterische Hoffnung der Courage, ihr Kind und vielleicht nur ihres durch den Krieg zu bringen. Dem Kind, dem das Gewöhnlichste versagt blieb, wurde das Außergewöhnliche versprochen.

Die Bezahlung des Begräbnisses

Selbst bei der Bezahlung des Begräbnisses gab die Weigel noch einmal einen Hinweis auf den Charakter der Courage. Sie fischte ein paar Münzen aus der ledernen Umhängetasche, legte eine zurück und gab den Rest dem Bauern. Dies störte in nichts den überwältigenden Eindruck ihrer Zerstörtheit.

Die letzte Strophe

Die letzte Strophe des Liedes der Courage wurde, als sie sich langsam vor ihren Wagen spannte, aus der Orchesterloge, wo die Kapelle untergebracht war, angestimmt. Es bringt kräftig noch einmal ihre unzerstörte Hoffnung, doch noch einen Schnitt zu machen im Krieg, zum Ausdruck, gewinnend an Kraft durch den Verzicht auf die Illusion, das Lied werde in der Ferne von ziehenden Heerhaufen gesungen.

Die Courage der Giehse

Bei dem Zudecken des Leichnams, bevor sie die Blache endgültig über das Gesicht der stummen Kattrin fallen ließ, steckte die Giehse den Kopf unter sie, die Tochter noch einmal betrachtend.

Und bevor sie mit dem Ziehen des Planwagens begann, blickte

sie, eine andere schöne Variante, in die Ferne, sich zu orientieren, wohin sie gehen mußte, schneuzte sich, bevor sie loszog, mit dem Zeigefinger.

Zeit nehmen
Auch am Schluß ist es nötig, daß man den Wagen entlangfahren sieht. Das Publikum versteht natürlich, wenn der Wagen weggezogen wird. Geht es dann weiter, entsteht ein Moment der Irritation (»das ist nun lang genug«). Geht es noch weiter, beginnt ein tieferes Verstehen.

Das Wagenziehen in der letzten Szene
Für die zwölfte Szene wurden Bauernhaus und Stall mit Dach (der elften Szene) weggeräumt und nur Wagen und Leichnam der stummen Kattrin zurückgelassen. Das Wegschleppen des Planwagens – die großen Buchstaben »Sachsen« werden mit Beginn der Musik hochgezogen – fand so auf der völlig leeren Bühne statt, wodurch die Erinnerung an die Szenerie der ersten Szene geweckt wurde. Auf der Bühnenscheibe beschrieb die Courage mit ihrem Wagen einen ganzen Kreis; sie kam noch einmal an der Rampe vorbei. Die Bühne war, wie gewöhnlich, strahlend beleuchtet.

Entdeckungen der Realisten
Worin besteht die Wirkung eines solchen Spiels der Weigel, die, den Bauern das Begräbnisgeld für die tote Kattrin aushändigend, ganz mechanisch eine der Münzen, die sie aus ihrer Ledertasche gefischt hat, wieder zurücklegt? Sie zeigt, daß die Händlerin in all ihrem Schmerz nicht das Rechnen ganz vergißt, da ja das Geld so schwer zu erwerben ist. Und sie zeigt es als eine Entdeckung in bezug auf die menschliche Natur, gebildet durch diese und jene Verhältnisse. Dieser kleine Zug hat die Gewalt und die Plötzlichkeit einer Entdeckung. Die Wahrheit herauszugraben unter dem Schutt des Selbstverständlichen, das einzelne auffällig zu verknüpfen

mit dem Allgemeinen, im großen Prozeß das Besondere festzuhalten, das ist die Kunst der Realisten.

Textänderung

Nach »Es wird gehn, es ist nicht viel drinnen« fügte die Courage in der Münchener und dann auch in der Berliner Aufführung noch hinzu: »Ich muß wieder ins Geschäft kommen.«

Mutter Courage lernt nichts

In der letzten Szene schien die Courage der Weigel achtzigjährig. Und sie versteht nichts. Sie rührt sich nur auf Sätze, die mit dem Krieg zusammenhängen, wie, daß man nicht dahinterbleiben dürfe; den groben Vorwurf der Bauersleute, sie sei schuld an Kattrins Tod, nimmt sie nicht zur Kenntnis.
Die Unfähigkeit der Courage, aus der Unergiebigkeit des Krieges zu lernen, war 1938, als das Stück geschrieben wurde, eine Voraussage. Bei der Aufführung 1948 in Berlin wurde der Wunsch ausgesprochen, die Courage solle wenigstens im Stück erkennen.
Damit nun bei diesem Realismus des Stücks etwas für den Zuschauer herauskommt, das heißt, damit die Zuschauer etwas lernen, müssen die Theater eine Spielweise erarbeiten, welche nicht auf die Identifizierung der Zuschauer mit der Hauptfigur (Heldin) ausgeht.
Nach Berichten von Zuschauern und nach Zeitungskritiken zu urteilen, hat die Züricher Uraufführung zum Beispiel, künstlerisch auf hohem Niveau stehend, lediglich das Bild des Krieges als einer Naturkatastrophe und eines unabwendbaren Schicksals gegeben und dazu dem Kleinbürger im Zuschauerraum seine eigene Unzerstörbarkeit, seine Fähigkeit, zu überleben, bestätigt. Selbst für die ebenfalls kleinbürgerliche Courage war jedoch im Stück immerzu die Entscheidung »Mitmachen oder nicht mitmachen« offen gelassen. Die Aufführung muß also auch das Handeltreiben, Schnitt-machen-Wollen, Zum-Risiko-Bereitsein der Courage als eine ganz

natürliche, »ewig menschliche« Verhaltungsweise dargestellt haben, so daß eben kein Ausweg mehr blieb. Tatsächlich kann ja heute der Kleinbürger nicht mehr, wie die Courage es konnte, aus dem Krieg bleiben. Ihm kann eine Aufführung wohl auch nur einen wirklichen Abscheu vor dem Krieg beibringen und eine gewisse Einsicht darin, daß die großen Geschäfte, aus denen der Krieg besteht, nicht von den kleinen Leuten gemacht werden. Ein Stück ist deshalb lehrhafter als die Wirklichkeit, weil da die Kriegssituation mehr als eine experimentelle Situation erscheint, geschaffen, um Einsicht zu geben; das heißt, der Zuschauer gelangt in die Haltung des Studierenden – sofern die Spielweise richtig ist. Bei dem Teil der Zuschauer, der dem Proletariat angehört, der Klasse, die wirklich gegen den Krieg selber handeln und ihn überwinden kann, ist, freilich auch nur bei richtiger Spielweise, die Einsicht in den Zusammenhang von Krieg und Kommerz freizulegen: Das Proletariat als Klasse kann den Krieg abschaffen, indem es den Kapitalismus abschafft. Allerdings muß bei dem proletarischen Teil der Zuschauer in diesem Stück auch noch mit dem Selbstverständigungsprozeß dieser Klasse gerechnet werden, der innerhalb wie außerhalb des Theaters vor sich geht.

Das epische Element

Was das Epische in der Aufführung des Deutschen Theaters betrifft, so war davon manches zu sehen, im Arrangement, in der Zeichnung der Figuren, in der akkuraten Ausführung der Details und in der Zügigkeit des Gesamtverlaufs. Auch war das Widersprüchliche in allem nicht überkommen, sondern herausgearbeitet, und die Teile, sichtbar als solche, fügten sich gut zum Ganzen. Jedoch wurde das eigentliche Ziel des Epischen nicht getroffen. Vieles zeigte sich, aber das Moment des Zeigens fehlte schließlich. Nur in ein paar Umbesetzungsproben trat es deutlich zutage. Da »markierten« die Schauspieler, das heißt, sie zeigten nur dem neu hinzutretenden Mitspieler die Stellungen und Tonfälle, und das Ganze bekam dieses köstliche Lockere, Mühelose, Nichtdringliche, das den Zuschauer zu selbständigen Gedanken und Gefühlen anregt. Dieses epische Grundelement wurde nirgends vermißt; wohl darum wagten die Schauspieler nicht, es zu offerieren.

Die Notate selbst betreffend
Es ist zu hoffen, daß die vorliegenden Notate, anzeigend einige der Erörterungen und Erfindungen mannigfacher Art, die für die Vorstellung eines Stückes nötig sind, nicht den Anschein eines unechten Ernstes erzeugen. Es ist nur schwierig, in der Darstellung immer die Leichtigkeit und Unbekümmertheit zu vermitteln, welche zum Wesen des Theaters gehören. Die Künste, samt dem Lehrreichen in ihnen, gehören zu den Lustbarkeiten.

Anmerkungen zur ›Courage‹

BEMERKUNGEN ZU EINZELNEN SZENEN

Zweite Szene: [Brief an den Darsteller des Eilif über den Säbeltanz]

Lieber Schall, von allen Tugenden ist die Willenskraft diejenige, die in der Kunst am sorgfältigsten verborgen werden muß. (Sie steht sowieso hinter ihrer sanfteren Schwester, dem Interesse, zurück.) Der Eiliftanz soll die große Anstrengung zeigen, die er Ihnen bereitet. Dabei war er ausgezeichnet durch die Lässigkeit und die Eleganz, mit der Eilif andeutete, wie ungefähr der Tanz war, den er einmal gesehen hatte.
Mai 1954

Bühnenbildentwurf von Heinrich Kilger (5. Szene)

Bühnenbildentwurf von Heinrich Kilger (11. Szene)

Elfte Szene: Der Stein beginnt zu reden

Wenn die stumme Kattrin auf dem Scheunendach zu trommeln anfängt, um die Stadt Halle zu wecken, ist schon lange eine große Veränderung mit ihr vorgegangen. Die lebhafte freundliche junge Person, die wir im Couragewagen in den Krieg haben fahren sehen, ist eine geschlagene Kreatur geworden, nicht ohne Bosheit. Sie ist auch äußerlich sehr verändert, nicht so sehr im Gesicht, dessen Kindlichkeit lediglich etwas Infantiles angenommen hat, aber im ganzen Körper, der unförmig und schwer geworden ist. Sie kniet mit den betenden Bauersleuten vorn an der Rampe, etwas hinter der Bauersfrau, als ihr die über die Schulter weg zuwirft, die kleinen Kinder ihres Schwagers seien auch in der bedrohten Stadt. Es geht nichts vor in ihrem Gesicht, das seit langem, ein blindgewordener Spiegel, die Fähigkeit verloren hat, irgend etwas deutlich zu zeigen. Sie kriecht lediglich rückwärts, bis sie aus der Nähe der Betenden ist, dann läuft sie lautlos zum Wagen und holt die Trommel, die dort hängt, wie zum Verkauf ausgeboten. Es ist die Trommel, die ihre Mutter vor Jahren unter den neugekauften Waren fand, welche sie gegen die marodierenden Landsknechte so hartnäckig verteidigt hatte, daß sie die entstellende Wunde über dem Auge erhielt. Die Stumme bindet sie los, hängt sie sich auf den Rücken, schleicht zur Scheune, stopft sich die langen Röcke hoch und klettert aufs Dach. Die Menschen schweigen, der Stein hat beschlossen zu reden.
(Die Schauspielerin zeigt die Eile der Retterin, aber auch, wie sie alles als eine Arbeit macht, durchaus praktisch. Viele würden unten an der Leiter das Hochziehen der langen Röcke vor dem Publikum verbergen, vergessend, daß sie nicht nur die Schauspielerin, sondern auch die Stumme beim Klettern hindern würden.)
Auf dem Dach (die Schauspielerin behielt beim Klettern das Täppische ihres erstmaligen Kletterns fest) sieht sie hinüber,

wo die schlafende Stadt angenommen ist, und fängt unverzüglich mit dem Trommeln an. Sie hält in beiden Händen Schlegel und schlägt im Zweitakt, mit dem Akzent wie im Wort »Gewalt«. Die Bauersleute schrecken aus dem Gebet hoch, der Bauer läuft hin, behindert durch sein Rheuma, die Stumme zieht linkisch die Leiter hoch zu sich aufs Dach und trommelt weiter.
(Von nun an teilt die Schauspielerin ihre Aufmerksamkeit qualvoll zwischen der Stadt, die sehr lang braucht, zu erwachen, und den Leuten auf dem Hof, die sie bedrohen.)
Unten der Bauer sucht gebückt nach Steinen, die Trommelnde zu bewerfen; die Bäuerin beschimpft sie und fleht sie an, aufzuhören (»Hast du kein Mitleid, hast gar kein Herz?«). Die Trommelnde wirft einen kühlen Blick herunter auf die Ängstlichen und wendet sich wieder der Stadt zu, die immer noch nicht zu erwachen scheint. (Die mit vielen Mitleid haben, dürfen keines haben mit den wenigen.)
Die Landsknechte kommen zurückgelaufen. Der Fähnrich bedroht die Bauersleute mit dem blanken Säbel. Sie sind wieder aufs Knie gesunken, wie zuvor vor ihrem Gott. Die Landsknechte bieten der Fremden einen Vergleich an. Annehmend, sie mache den Lärm, weil sie für ihre Mutter in der Stadt fürchtet, versprechen sie ihr, diese zu schonen. Die Trommelnde scheint nicht zu verstehen oder dem rufenden Landsknecht nicht zu glauben. Der Fähnrich tritt vor. Er wirft sich in die Brust, er bürgt ihr mit seinem Offiziersehrenwort. Die Stumme hebt die Schlegel höher als je zuvor, nach einer winzigen Pause, anzeigend, daß sie gehört und daß sie bedacht hat. Lauter als zuvor trommelt sie weiter. (Die Schauspielerin benutzt den kleinen Vorgang zu einer Demonstration der Stummen: sie hält nichts von den Ehrenwörtern der Schlächter.)
Der Fähnrich rast. Die Stumme macht ihn madig vor seinen Leuten. Er weiß, sie grinsen jetzt, wenn er nicht hinsieht. Aber der Bauer rennt freiwillig nach einer Axt und hackt

auf einen Holzblock zum Anschirren von Ochsen ein, den Lärm der Trommel zu übertönen durch einen »friedlichen Lärm«. Die Stumme schaut, über die Schulter, auf ihn herunter. Sie nimmt den Wettkampf im Lärmen auf, er geht eine Weile. Dann winkt der Fähnrich wütend ab. Das alles hilft nicht. Er läuft zum Bauernhaus, nach einem Scheit, die Trommelnde zu räuchern wie einen Schinken. Die Bäuerin läßt ihr mechanisches Beten und wirft sich vor die Haustür: »Das nutzt nix, Herr Hauptmann, wenn sie in der Stadt hier Feuer sehen, wissen sie alles.« Etwas Außerordentliches geschieht. Die Stumme auf dem Dach hat die Bäuerin gehört und lacht jetzt herunter, sie hängt ihr Gesicht nach vorne und lacht.

(Zwei Szenen zuvor hat die Schauspielerin Kattrin ebenfalls lachen lassen. Sie hat vor ihrem Fluchtversuch, noch einmal auf ihr bösartiges Arrangement des Rocks der Mutter mit der Hose des Kochs blickend, das unheimliche Lachen gezeigt, die Hand vor dem Mund. Das Lachen nun löscht jenes Lachen aus.)

Der Fähnrich geht in die Luft. Er schickt einen Landsknecht nach einer Kugelbüchse. Auch der Bäuerin ist etwas eingefallen. »Ich hab's«, schreit sie, verräterisch auf den Planwagen zeigend, »wenn wir den Wagen zusammenhauen, hört sie auf; sie haben nix als den Wagen.« Mit Fußtritten zwingt ein Landsknecht den Bauernsohn, mit einer Planke auf den Wagen einzuhauen. Die Stumme schaut verzweifelt hin, sie stößt jetzt jämmerliche Laute aus. Und sie trommelt weiter.

(Und die Schauspielerin weiß, nähme die Stumme ihr Trommeln auch nur einen Augenblick zu früh wieder auf, wäre die Wahrheit beschädigt. Die Bäuerin hat recht, der Wagen ist alles, wieviel wurde ihm schon geopfert!)

Die Trommelnde beginnt nun schon müde zu werden, Trommeln ist auch eine Arbeit; man sieht, wie schwer es ihr wird, die Arme mit den Schlegeln zu heben. Der Zweitakt verwirrt sich. Sie schaut gieriger und angstvoller nach der Stadt hin, vorgebeugt, mit offenem Mund, was ihr etwas Idiotisches gibt. Sie beginnt zu zweifeln, daß sie in der Stadt je gehört wird. (Die Schauspielerin hat allen ihren Bewegungen bisher etwas Linkisches verliehen. Man soll erkennen: Bereit zu helfen ist die Hilfloseste. Nun gerät sie ganz in Verwirrung.) Die Verzweifelnde erlebt noch eine Versuchung, aufzuhören. Der Bauernsohn wirft plötzlich die Planke weg und schreit: »Schlag weiter, sonst sind alle hin!«, und der Landsknecht schlägt mit dem Spieß auf ihn ein. Er wird ihn totschlagen. Die Stumme wird von einem trockenen Schluchzen überwältigt, sie macht unschlüssige, fahrige Bewegungen mit den Trommelschlegeln, bevor sie weiter trommelt. Der Landsknecht kommt zurück mit der Kugelbüchse. Er stellt sie auf die Gabel, er zielt aufs Dach. (»Zum allerletzten Mal, hör auf mit Schlagen!«) Die Stumme beugt sich vor, sie hält ein mit Trommeln, sie schaut in den Büchsenlauf. In der größten Not drückt ihr weißes infantiles Gesicht noch einmal etwas aus: Furcht. Dann hebt sie mit einer mächtigen und zugleich erschöpften Bewegung die Arme mit den Schlegeln und schlägt, laut schluchzend, weiter. Der Landsknecht gibt Feuer, die Kugel erreicht sie, als sie eben beide Arme hoch erhoben hat. Sie sinkt vornüber. Einen Schlag schlägt sie noch, der zweite, letzte, kommt zustande, weil der andere Arm niedersinkt. Einen Augenblick herrscht Stille, in die der Fähnrich hinein sagt: »Schluß is mit'n Lärm.« Dann lösen die Kanonen der Stadt, sie hört sie nicht mehr, die Trommelschläge ab. Die Stadt hat sie gehört. (Die Schauspielerin hat, eine heroische Haltung zeigend, die besondere Art gezeigt, wie sie bei ihrer Figur zustande kommt: durch eine Tapferkeit, welche die Furcht überwindet.)

FRIEDRICH WOLF Wir beide marschieren seit langem in der Welt des Theaters von verschiedenen dramaturgischen Standorten auf das gleiche Ziel. Gerade auf Grund des großen und verdienten Erfolges Ihrer »Mutter Courage« wäre für unsre heutigen Theaterfreunde eine breitere Aussprache über Ihre Dramaturgie notwendig. – Sie haben Ihre »Mutter Courage« gewiß nicht zufällig eine »Chronik« genannt, zweifellos eine Form Ihres »epischen Theaters«. Wollen Sie also mit diesem bewußten Chronikenstil nochmals betonen, daß es Ihnen in erster Linie darauf ankommt, die Tatsachen, die nackten Tatsachen, zu den Zuschauern sprechen zu lassen? Wobei (im Sinne des Aristoteles) auch geschichtlich mögliche Tatsachen zu verstehen sind. Grob gesagt: objektivierendes Theater gegen psychologisierendes Theater, selbst um den Preis, daß die Tatsachen den Menschen oft nicht verändern.

BERTOLT BRECHT Die Chronik »Mutter Courage und ihre Kinder« – die Bezeichnung *Chronik* entspricht gattungsmäßig etwa der Bezeichnung *History* in der elisabethanischen Dramatik – stellt natürlich keinen Versuch dar, irgend jemand von irgend etwas durch die Ausstellung nackter Tatsachen zu überzeugen. Tatsachen lassen sich sehr selten in nacktem Zustand überraschen, und sie würden auch nur wenige verführen – wie Sie mit Recht sagen. Nötig ist freilich, daß Chroniken Tatsächliches enthalten, das heißt realistisch sind. Auch die Einteilung »objektivierendes Theater gegen psychologisierendes Theater« hilft uns nicht wirklich weiter, da man ja auch objektivierendes psychologisierendes Theater machen kann, indem man eben vornehmlich psychologisches »Material« zum Hauptgegenstand künstlerischer Darstellung macht und dabei Objektivität anstrebt. Was die vorliegende Chronik betrifft, glaube ich nicht, daß sie den Zuschauer im Zustand der Objektivität (das heißt leidenschaftsloser

Abwägung des »Dafür« und »Dagegen«) läßt. Dagegen glaube oder, sagen wir, hoffe ich, sie macht ihn kritisch.

FRIEDRICH WOLF Ihr Theater appelliert in erster Linie an das Erkenntnisvermögen des Zuschauers. Sie wollen zuerst das klare Erkennen der Zusammenhänge gegebener und möglicher Situationen (gesellschaftlicher Verhältnisse) in Ihren Zuschauern wecken und somit in Ihren Zuschauern richtige Schlüsse und Entschließungen herbeiführen. Lehnen Sie es ab, sich in gleicher Weise an das Gefühl, die Emotion – das Gerechtigkeitsgefühl, den Freiheitsdrang, den »heiligen Zorn« gegen die Unterdrücker – unmittelbar zu wenden? Ich frage mit Absicht sehr einfach. In diesem Sinne, lediglich zur Klärung: Halten Sie eine historische Chronik wie den »Götz von Berlichingen« (dessen Charakter ebenfalls kaum eine Entwicklung, Wandlung, »Katharsis« durchmacht, der aber primär sich an das emotionale Erlebnis wendet) für den heutigen Zuschauer für wenig förderlich? Glauben Sie, daß die Hitlerzeit mit der Lawine verfälschter Emotionen derart desavouiert hat, daß diese heute für uns von vornherein verdächtig sind?

BERTOLT BRECHT Es ist nicht der Fall – wiewohl es mitunter vorgebracht wurde –, daß episches Theater, das übrigens – wie ebenfalls mitunter vorgebracht – nicht etwa einfach undramatisches Theater ist, den Kampfruf »hie Vernunft – hie Emotion« (Gefühl) erschallen läßt. Es verzichtet in keiner Weise auf Emotionen. Schon gar nicht auf das Gerechtigkeitsgefühl, den Freiheitsdrang und den gerechten Zorn: es verzichtet so wenig darauf, daß es sich sogar nicht auf ihr Vorhandensein verläßt, sondern sie zu verstärken oder zu schaffen sucht. Die »kritische Haltung«, in die es sein Publikum zu bringen trachtet, kann ihm nicht leidenschaftlich genug sein.

FRIEDRICH WOLF Sie erklären in Ihren projizierten Zwischentexten *vor* den einzelnen Szenen (»Dreigroschenoper«, »Courage«) die Handlung dem Zuschauer bereits voraus. Sie verzichten also bewußt auf die »dramatischen« Elemente der »Spannung«, der »Überraschung«. Auch so verzichten Sie auf das emotionale Erlebnis. Wünschen Sie um jeden Preis zuerst das Erkenntnisvermögen des Zuschauers zu erregen? Gibt es hier in diesem Sinne eine bewußte Folge im Theater: Erkenntnis ohne spannende Handlung, ohne Spieler und Gegenspieler, ohne Wandlung und Entwicklung der Charaktere? Wie sind im »Hamlet«, im »Othello«, in »Kabale und Liebe« die dramatischen Spannungselemente (Exposition – Schürzung des Knotens, Peripetie – überraschende Lösung) in einer fast Detektivhandlung von Ihrer Dramaturgie aus zu werten?

BERTOLT BRECHT Wie Spannung und Überraschung bei dieser Art Theater hergestellt werden, ist in Kürze nicht zu erklären. Das alte Schema »Exposition – Schürzung des Knotens – überraschende Lösung« ist ja schon in Historien wie »König Johann« oder »Götz von Berlichingen« außer acht gelassen. Eine Wandlung und Entwicklung der Charaktere findet natürlich statt, wenn auch nicht immer eine »innere Wandlung« oder eine »Entwicklung bis zur Erkenntnis« – das wäre oft unrealistisch, und es scheint mir für eine materialistische Darstellung nötig, das Bewußtsein der Personen vom sozialen Sein bestimmen zu lassen und es nicht dramaturgisch zu manipulieren.

FRIEDRICH WOLF Gerade in Ihrer »Courage« – bei der Sie meines Erachtens den epischen Stil äußerst konsequent durchführen – bewies die Haltung der Zuschauer, daß die emotionalen Handlungsmomente Höhepunkte der Aufführung wurden (Trommelsignal der stummen Kattrin, wie überhaupt diese ganze Szene, der Tod des ältesten Sohnes, die Mutterszene mit »Verflucht sei der Krieg!«). Und nun kommt vom *Inhalt* her, der ja auch bei Ihnen die Form dieser wunderbar gestalteten Aufführung zu bestimmen hat, meine eigentliche Frage: Müßte diese Mutter Courage (historisch ist, was möglich ist), müßte sie, nachdem sie erkannt hat, daß der Krieg sich nicht bezahlt macht, nachdem sie nicht bloß ihre Habe, sondern auch ihre Kinder verlor, müßte sie am Schluß nicht eine ganz andere sein wie am Anfang des Stückes? Grade für unsre heutigen deutschen Zuschauer, die sich bis 5 Minuten nach 12 stets damit herausredeten: Was konnte man schon machen? Krieg ist Krieg! Befehl ist Befehl! Man zieht den Karren weiter. – Lieber Brecht, hier beginnt für mich (grade bei der großartigen Aufführung und Schauspielerführung, dieser verführerisch guten Aufführung) *auch in Ihrem Sinne* eine Kernfrage. Denn da wir beide mit den Mitteln der Bühne die Menschen weiterbringen – verändern wollen, ist die Wandlung des Menschen auf der Bühne und im Bewußtsein des Zuschauers ja das Endziel. Nun können Sie sagen: Ich stelle die Verhältnisse mit meiner Kunst so objektiv zwingend dar, wie das Leben ist, und zwinge damit die Zuschauer selbst, sich für Gut oder Böse zu entscheiden. Sie (Wolf) legen bereits auf der Bühne den Finger auf die Wunde, Sie verlegen die Entscheidung auf die Bühne, und diese Methode ist zu schmerzhaft, verträgt der Zuschauer heute nicht. Sie als Homöopath in der Heilkunst handeln auf der Bühne als Chirurg; ich gehe den umgekehrten Weg, der Zuschauer merkt seine Behandlung gar nicht und schluckt so die Medizin. Richtig. Und doch wünschte ich sehr, Sie möchten Ihre ausgezeichnete »Heilige Johanna der Schlachthöfe« in gleich vollendeter Inszenierung uns zeigen – und Sie sollten die Meute heulen hören! Aber es ist natürlich sinnlos, an einem Kunstwerk herumdoktern zu wollen. Meine Fragen dienen inmitten einer babylonischen Verwirrung auf dem Theater lediglich unserm gemeinsamen Ziel: Wie kann unsre deutsche Bühne unserm Volk das zeigen, was not tut? Konkret: Wie können wir es aus seinem Fatalismus aktivieren gegen einen neuen Krieg? Und da hätte ich mir die »Courage« *noch* wirksamer gedacht, wenn ihre Worte »Verflucht sei der Krieg!« zum Schluß (wie bei der Kattrin) bei der Mutter einen sichtbaren Handlungsausdruck, eine Konsequenz dieser Erkenntnis gewonnen hätten. (Übrigens grade auch im 30jährigen Krieg rotteten sich die Bauern gegen die Soldateska zusammen und setzten sich zur Wehr.)

BERTOLT BRECHT In dem vorliegenden Stück ist, wie Sie richtig sagen, dargestellt, daß die Courage aus den sie betreffenden Katastrophen nichts lernt. Das Stück ist 1938 geschrieben, als der Stückeschreiber einen großen Krieg voraussah: Er war nicht überzeugt, daß die Menschen »an und für sich« aus dem Unglück, das sie seiner Ansicht nach betreffen mußte, etwas lernen würden. Lieber Friedrich Wolf, gerade Sie werden bestätigen, daß der Stückeschreiber da Realist war. Wenn jedoch die Courage weiter nichts lernt – das Publikum kann, meiner Ansicht nach, dennoch etwas lernen, sie betrachtend.

Ich stimme Ihnen darin absolut zu, daß die Frage, was für Kunstmittel gewählt werden müssen, nur die Frage sein darf, wie wir Stückeschreiber unser Publikum sozial aktivieren (in Schwung bringen) können. Alle nur denkbaren Kunstmittel, die dazu verhelfen, sollten wir, ob alte oder neue, zu diesem Zweck erproben.

[DAS UNGLÜCK ALLEIN IST EIN SCHLECHTER LEHRER]

Im Zuschauerraum hing der säuerliche Geruch schlecht gesäuberter Kleider; er tat der Feierlichkeit der Stimmung keinen Abbruch. Wer gekommen war, war aus Ruinen gekommen und ging zurück in Ruinen. So viel Licht wie auf der Bühne gab es auf keinem Platz und in keinem Haus.

Der alte, weise Bühnenmeister aus der Reinhardtzeit hatte mich wie einen König empfangen, aber es war eine bittere Erfahrung, allen hier gemeinsam, die der Aufführung zu harter Realistik verhalf. Die Schneiderinnen der Werkstätten verstanden, daß die Kostüme zu Beginn des Spiels reicher sein mußten als am Ende. Die Bühnenarbeiter wußten, wie die Blache

über dem Couragewagen sein mußte: weiß und neu zu Beginn, dann schmutzig und geflickt, dann wieder einmal etwas sauberer, aber nie mehr wirklich weiß und am Ende ein Lumpen.
Die Weigel spielte die Courage hart und zornig; das heißt, nicht ihre Courage war zornig, sondern sie, die Darstellerin. Sie zeigte eine Händlerin, kräftig und verschlagen, die eins ums andere ihrer Kinder an den Krieg verliert und doch immer weiter an den Gewinn aus dem Krieg glaubt.
Davon, daß die Courage nichts lernt aus ihrem Elend, daß sie nicht wenigstens am Schluß *begreift*, war viel die Rede. Wenige begriffen, daß gerade dies die bitterste und verhängnisvollste Lehre des Stücks war.
Der Erfolg des Stücks, das heißt der Eindruck, den das Stück machte, war zweifellos groß. Leute zeigten auf der Straße auf die Weigel und sagten: »Die Courage!« Aber ich glaube nicht und glaubte damals nicht, daß Berlin – und alle andern Städte, die das Stück sahen – das Stück begriffen. Sie waren alle überzeugt, sie hätten gelernt aus dem Krieg; sie verstanden nicht, daß die Courage aus ihrem Krieg nichts gelernt haben sollte, nach der Meinung des Stückeschreibers. Sie sahen nicht, was der Stückeschreiber meinte: daß die Menschen aus dem Krieg nichts lernen.
Das Unglück allein ist ein schlechter Lehrer. Seine Schüler lernen Hunger und Durst, aber nicht eben häufig Wahrheitshunger und Wissensdurst. Die Leiden machen den Kranken nicht zum Heilkundigen. Weder der Blick aus der Ferne noch der aus der Nähe machen den Augenzeugen schon zum Experten.
Die Zuschauer des Jahres 1949 und der folgenden Jahre sahen nicht die Verbrechen der Courage, ihr Mitmachen, ihr am Kriegsgeschäft mitverdienen Wollen; sie sahen nur ihren Mißerfolg, ihre Leiden. Und so sahen sie den Hitlerkrieg an, an dem sie mitgemacht hatten: Es war ein schlechter Krieg gewesen, und jetzt litten sie. Kurz, es war so, wie der Stückeschreiber ihnen prophezeit hatte. Der Krieg würde ihnen nicht

nur Leiden bringen, sondern auch die Unfähigkeit, daraus zu lernen.
»Mutter Courage und ihre Kinder« läuft jetzt im sechsten Jahr. Es ist bestimmt eine glänzende Aufführung, große Künstler spielen darin. Etwas hat sich geändert, kein Zweifel. Das Stück ist heute kein Stück mehr, das zu spät gekommen ist, nämlich *nach* einem Krieg. Schrecklicherweise droht ein neuer Krieg. Niemand spricht davon, jeder weiß davon. Die große Menge ist nicht für Krieg. Aber es gibt so viele Mühsale. Könnten sie nicht durch einen Krieg beseitigt werden? Hat man nicht doch ganz gut verdient im letzten, jedenfalls bis knapp vor dem Ende? Gibt es nicht doch auch glückliche Kriege?
Ich möchte gern wissen, wieviele der Zuschauer von »Mutter Courage und ihre Kinder« die Warnung des Stücks heute verstehen.

GESPRÄCH MIT EINEM JUNGEN ZUSCHAUER

ZUSCHAUER Einige haben gesagt, das Stück ist am End nicht ganz richtig, weil es damit aufhört, daß die Marketenderin trotz des Unglücks, das sie getroffen hat, nichts gelernt hat.
STÜCKESCHREIBER Schau um dich, da sind genug Leute, denen der Krieg Unglück gebracht hat. Wieviele von ihnen haben etwas gelernt – ich meine: selber gelernt, ohne Hilfe, wie das die Courage müßte?
ZUSCHAUER Du meinst, du willst einfach die Wahrheit zeigen?
STÜCKESCHREIBER Ja, der Dreißigjährige Krieg ist einer der ersten Riesenkriege, die der Kapitalismus über Europa gebracht hat. Und im Kapitalismus ist es ungeheuer schwierig für den einzelnen, daß der Krieg nicht nötig ist, denn im Kapitalismus ist er nötig, nämlich für den Kapitalismus. Dieses Wirtschaftssystem beruht auf dem Kampf aller gegen alle, der Großen gegen die Großen, der Großen gegen die Kleinen,

der Kleinen gegen die Kleinen. Man müßte also schon erkennen, daß der Kapitalismus ein Unglück ist, um zu erkennen, daß der unglückbringende Krieg schlecht, das heißt unnötig ist.

[DIE COURAGE LERNT NICHT]

In den Bauernkriegen, dem größten Unglück der deutschen Geschichte, war, was das Soziale betrifft, der Reformation der Reißzahn gezogen worden. Übrigblieben die Geschäfte und der Zynismus. Die Courage – dies sei gesagt, der theatralischen Darstellung zu helfen – erkennt zusammen mit ihren Freunden und Gästen und nahezu jedermann das rein merkantile Wesen des Kriegs: das ist gerade, was sie anzieht. Sie glaubt an den Krieg bis zuletzt. Es geht ihr nicht einmal auf, daß man eine große Schere haben muß, um am Krieg seinen Schnitt zu machen. Die Zuschauer bei Katastrophen erwarten ja zu Unrecht, daß die Betroffenen daraus lernen werden. Solang die Masse das *Objekt* der Politik ist, kann sie, was mit ihr geschieht, nicht als einen Versuch, sondern nur als ein Schicksal ansehen; sie lernt so wenig aus der Katastrophe wie das Versuchskarnickel über Biologie lernt. Dem Stückschreiber obliegt es nicht, die Courage am Ende sehend zu machen – sie sieht einiges, gegen die Mitte des Stückes zu, am Ende der 6. Szene, und verliert dann die Sicht wieder –, ihm kommt es darauf an, daß der Zuschauer sieht.

[FÜR EINE AUFFÜHRUNG IN FINNLAND]

Als »Mutter Courage und ihre Kinder« drei Jahre nach dem Zusammenbruch Hitlerdeutschlands in dem zerstörten Berlin über die Bühne ging, gaben viele ihrem Staunen Ausdruck, wie genau die entsetzliche Vernichtung der Menschen und Städte in diesem Stück vorausgesagt war. In Wahrheit bedurfte es nicht besonderer Phantasie, dies zu tun, sondern besonderer Stumpfheit, dies nicht zu tun. Gerade dieses Staunen sagte dem Stückeschreiber, *wie* weit die Menschen in dieser Stadt entfernt gewesen waren, die Folgen ihres Tun oder Nichttuns vorauszusehen.

Schrecklicherweise ist die Warnung des Stücks heute nicht überholt, denn nur der spezielle Krieg, vor dem es einst warnte, ist vorbei, aber neue scheinen heraufzuziehen.

Das Stück wurde vor Ausbruch des zweiten Weltkriegs unter dem finnischen Strohdach geschrieben. Es würde mich freuen, wenn es als kleine Gegengabe des so freundlich aufgenommenen Gastes von damals betrachtet würde.

[FÜR DIE AUFFÜHRUNG IN GÖTTINGEN 1956]

Es wird jetzt, wo das deutsche Wirtschaftswunder und die Politik der Stärke in so drohender Weise Arm in Arm auftreten, besonders wichtig, die Courage als Händlerin zu spielen, die im Krieg ihren Schnitt machen möchte. Ihr Händlertum hält sie für Muttertum, aber es zerstört ihre Kinder, eines nach dem anderen.

Die Benutzung von Modellen

Texte von Bertolt Brecht

ÜBER DIE VERWENDUNG VON VORLAGEN

Bevor noch Näheres darüber bekannt war, auf die bloße Nachricht hin, ein Mitarbeiter an der Berliner Aufführung der »Courage« helfe in einer andern deutschen Stadt bei der Inszenierung des einigermaßen schwierigen Stücks, kam eine Flut empörter Äußerungen. Der »freien schöpferischen Tätigkeit« sollte ein Ende bereitet, eine Diktatur des Geschmacks eröffnet, eine tote Schablone gefordert werden. In Wirklichkeit ist das Angebot von Vorlagen kaum noch »ein Schlag gegen die Regiekunst«. Sie hätte solch einen Schlag gelegentlich verdient: Es gab da »Die Weber« – eine »Vision aus Grau und Braun« und Mayers »Othello« – eine »Tragödie des Vertrauens«. Aber die Regiekunst ist nicht mehr so wild. Es bleibt die betrübliche Fähigkeit unserer Theater, den Sinn jedes Stücks, alt oder neu, zu verkehren, und es gibt die gehetzten Regisseure der 1001 Theater, die in ein paar Probentagen ein Stück herauswerfen müssen und viel zu erschöpft sind.

EINWÄNDE GEGEN DIE BENUTZUNG VON MODELLEN

Der Stückeschreiber hatte oftmals die Gelegenheit, Diskussionen auf der Bühne über Gänge oder Tonfälle dadurch weiterzubringen, daß er die konkurrierenden Vorschläge ausprobieren ließ. Dies erregte mitunter die Verblüffung der Schauspieler, denn das Probieren bedeutete gemeinhin nur ein Probieren der Vorschläge des Regisseurs, der sie danach eben für erprobt erklärte. Als die Benutzung von Modellen von Aufführungen vorgeschlagen wurde, erhob sich ein lautes Geschrei, dies sei Diktatur, »freies Schöpfertum« solle verhindert werden. Der Stückeschreiber, um ein allzu freies Herumschöpfen mit seinen Stücken zu verhindern, griff tatsächlich zu sanfter Erpressung, indem er das Stück eine Zeitlang nur Bühnen zur Verfügung stellte, welche die Vorlage benutzten.

HEMMT DIE BENUTZUNG DES MODELLS DIE KÜNSTLERISCHE BEWEGUNGSFREIHEIT?

WINDS Für die hiesige Einstudierung der »Mutter Courage« stellten Sie das gesamte Material der Berliner Aufführung für inszenatorische Studienzwecke zur Verfügung. Ihre Beauftragte, Frau Berlau, informierte mich, den Regisseur, den Bühnenbildner und die Schauspieler eingehend über Ihre Wünsche, die durch eine große Zahl szenischer Photos mit erklärenden Texten und Ihre schriftlichen Regieanweisungen erläutert wurden. Da im allgemeinen eine in so starkem Maße detaillierte Einflußnahme des Autors auf die Aufführung kaum theaterüblich ist und wir hier in Wuppertal diesen Versuch erstmalig in dieser ausgeprägten Form erproben, wäre es interessant zu erfahren, welche Gründe Sie veranlaßt haben, eine Musteraufführung herauszubringen und diese als maßgebliches Modell für andere Einstudierungen hinzustellen.

BRECHT An und für sich kann »Mutter Courage und ihre Kinder« auch in der alten Art aufgeführt werden. (Unsere Theater können ja alles aufführen – vom »Ödipus« zum »Biberpelz«, nicht etwa infolge eines mächtigen Eigenstils, der die Erzeugnisse so vieler Kulturen einschmölze, sondern infolge Mangels jeden Eigenstils.) Was dabei allerdings verlorenginge, wären die ganz speziellen Wirkungen eines solchen Stückes, und verfehlt wäre seine gesellschaftliche Funktion. Die erste Bemerkung der Droschkenkutscher über das Auto, hätte man sie mit ihm allein gelassen, wäre wohl gewesen: Und das soll was Neues sein? Worauf sie acht Pferde vorgespannt hätten und losgefahren wären. Es gibt keinen rein theoretischen Zugang zu den Methoden epischen Theaters; am besten ist praktisches Kopieren, verbunden mit dem Bemühen, die Gründe für die Gruppierungen, Bewegungen und Gesten auszufinden. Wahrscheinlich muß man eine Kopie gemacht haben, bevor man selber ein Modell machen kann. Durch die künstlerische Gestaltung der Menschen und ihrer Entwicklung leistet die Literatur ihren außerordentlichen Beitrag zur Selbstkenntnis des Menschen. Hier kann das Neue im ersten Ansatz der Entwicklung sichtbar gemacht werden. Diese selbständige große Rolle der Kunst kann nur einer wahrhaft realistischen Kunst zukommen. Der Realismus ist also nicht Sache einer internen literarischen Diskussion, sondern Grundlage der eigenen großen gesellschaftlichen Bedeutung der Kunst und damit der gesellschaftlichen Stellung des Künstlers. Unsere Bücher, unsere Bilder, unsere Theater, unsere Filme und unsere Musik können und müssen Entscheidendes zur Lösung der Lebensfragen unserer Nation beitragen. Wissenschaft und Kunst nehmen in der gesellschaftlichen Ordnung unserer Republik einen so hervorragenden Platz ein, weil der Bedeutung fortschrittlicher Wissenschaft und realistischer Kunst dieser Platz gebührt. Solche Kulturpolitik fordert von unserer Intelligenz schöpferische Mitarbeit auf der Höhe der Ziele. Sie wird geleitet von einer Literatur-, Theater- und Filmbewegung, die Tausenden von Menschen hilft, Vergangenheit und Gegenwart zu verstehen und die Zukunft zu erkennen, von den Malern, Bildhauern, Musikern, in deren Kunst etwas vom Wesen unserer Zeit spürbar wird, deren Optimismus Tausenden von Menschen hilft.

WINDS Ist nicht zu befürchten, daß durch eine Modell-Aufführung in Ihrem Sinne in der nachschöpferischen szenischen Gestaltung eine gewisse künstlerische Freiheit verlorengeht?

BRECHT Die Klage über den Verlust der Freiheit künstlerischer Gestaltung ist zu erwarten – in einem Zeitalter der anarchistischen Produktion. Doch gibt es auch in diesem Zeitalter eine Kontinuität der Entwicklung, zum Beispiel in der Technik und der Wissenschaft die Übernahme der Errungenschaften, den Standard. Und die »freischaffenden« Künstler des Theaters sind nicht sonderlich frei, wenn man genauer hinsieht. Sie sind gewöhnlich die letzten, die sich von hundertjährigen Vorurteilen, Konventionen, Komplexen zu befreien vermögen. Vor allem stehen sie in durchaus unwürdiger Abhängigkeit von »ihrem« Publikum. Sie müssen »seine Aufmerksamkeit halten«; es unbedingt »in Spannung versetzen«, das heißt die ersten Szenen so einrichten, daß es die letzten »kauft«, ihm seelische Massagen applizieren; seinen Geschmack ausfindig machen und sich danach richten; kurz, nicht sie sind es, die ihre Tätigkeit amüsieren muß, sie haben nach fremden Maßstäben zu bauen. Im Grund sind unsere Theater immer noch in der Lieferantenstellung gegenüber dem Publikum – wie soll es da viel Freiheit geben, die zu verlieren wäre? Höchstens die, sich die Art auszusuchen, in der das Publikum bedient wird.

WINDS Und ist es nicht zu befürchten, daß die Modell-Theorie die Gefahr einer gewissen Schablonisierung und Erstarrung zur Folge haben könnte und die Aufführung lediglich noch die Bedeutung einer Kopie besitzt?

BRECHT Man muß sich frei machen von der landläufigen Verachtung des Kopierens. Es ist nicht das »Leichtere«. Es ist nicht eine Schande, sondern eine Kunst. Das heißt, es muß zur Kunst entwickelt werden, und zwar dazu, daß keine Schablonisierung und Erstarrung eintritt. Um meine eigene Erfahrung mit dem Kopieren zur Verfügung zu stellen: Ich habe als Stückeschreiber japanische, hellenische, elisabethanische Dramatik kopiert, als Regisseur die Arrangements des Volkskomikers Karl Valentin und die Szenenskizzen Caspar Nehers, und ich habe mich nie unfrei gefühlt. Geben Sie mir ein vernünftiges Modell des »König Lear«, und ich werde meinen Spaß darin finden, es nachzubauen. Was macht es für einen Unterschied, ob Sie im Stücktext finden, die Courage habe den Bauern Geld für die Beerdigung der stummen Kattrin gegeben, bevor sie wegzog, oder beim Studium des Modells auch noch, sie habe es in der Hand abgezählt und eine Münze wieder zurück in die Ledertasche gesteckt? In der Tat finden Sie im Stücktext nur das erstere, das zweite bei der Weigel im Modell. Sollen Sie das erstere behalten, das zweite vergessen? Schließlich geben wir dem Theater überhaupt nur Kopien menschlichen Verhaltens. Die Gruppierungen und die Art, wie die Gruppen bewegt werden, sind, wenn sie etwas sind, Aussagen darüber. Unser Theater ist schon deshalb nicht realistisch, weil es die Beobachtung unterschätzt. Unsere Schauspieler schauen in sich hinein, anstatt auf ihre Umwelt. Sie nehmen die Vorgänge zwischen Menschen, auf die alles ankommt, lediglich als Vehikel für die Zurschaustellung von Temperament und so weiter. Die Regisseure benutzen die Stücke als Anregung für ihre »Visionen«, auch die neuen, welche nicht Visionen, sondern Berichtigungen der Wirklichkeit sind. Damit sollten wir lieber heute als morgen aufhören. Natürlich muß das künstlerische Kopieren erst gelernt werden, genau wie das Bauen von Modellen. Um nachgeahmt werden zu können, müssen die Modelle nachahmbar sein. Das Unnachahmliche muß sich absetzen vom Exemplarischen. Und es gibt eine sklavische Nachahmung und eine souveräne. Wobei zu beachten ist, daß die letztere nicht etwa quantitativ weniger »Ähnliches« enthält. Praktisch gesprochen wird es genügen, wenn das Arrangement, welches beim Modell die Geschichte erzählt, als Ausgangspunkt der Probenarbeit benutzt wird. Ganz abgesehen davon, daß Arrangements, welche die Geschichte erzählen, unseren Regisseuren nicht geläufig sind und daß ihnen auch die gesellschaftliche Funktion dieser Geschichten der neuen Stücke unbekannt und zum Teil unsympathisch ist – es ist höchste Zeit, daß wir auch auf dem Theater zu einer Arbeitsweise kommen, die unserem Zeitalter entspricht, einer kollektiven, alle Erfahrungen sammelnden Arbeitsweise. Wir müssen zu einer immer näheren Beschreibung der Wirklichkeit gelangen, und das ist, ästhetisch genommen, eine immer delikatere und machtvollere Beschreibung. Das kann nur geschehen, indem wir schon Errungenes benutzen; freilich nicht etwa dabei haltmachen. Die Veränderungen des Modells, die nur erfolgen sollten, um die Abbildung der Wirklichkeit zum Zweck der Einflußnahme auf die Wirklichkeit genauer, differenzierter, artistisch phantasievoller und reizvoller zu machen, werden um so ausdrucksvoller sein, da sie eine Negation von Vorhandenem darstellen – dies für Kenner der Dialektik.

WINDS In Ihren Regieanweisungen, das Stück »Mutter Courage« betreffend, ist auch vom Begriff des epischen Theaters beziehungsweise des epischen Darstellungsstils die Rede. Darf ich Sie bitten, mir denselben kurz zu erläutern, da zweifellos nicht nur die Bühnenkünstler, sondern auch die gesamte theaterinteressierte Öffentlichkeit darüber Näheres zu erfahren wünscht, um so mehr, als es sich in dieser Frage um eine neue Stilform handeln dürfte.

BRECHT Eine kurze Beschreibung epischer Spielweise ist außerordentlich schwer zu geben. Wo sie versucht wurde, führte sie meistens zu sehr mißverständlichen Vulgarisierungen. (Den Anschein erweckend, es handle sich um eine Ausmerzung des Emotionellen, des Individuellen, des Dramatischen und so weiter.) Etwas detailliertere Ausführungen wird man in den »Versuchen« finden. Ich möchte auch darauf hinweisen, daß diese Spielweise sich noch im Zustand der Entwicklung, genauer gesagt, in ihrem Anfangsstadium befindet und noch die Mitarbeit vieler benötigt.

WINDS Sind Sie der Meinung, daß der epische Darstellungsstil nur für »Mutter Courage« als Chronik in Frage kommt oder auch eine praktische Bedeutung für unsere gesamte zeitgenössische Theaterarbeit hat und zum Beispiel auch der Klassik, der Romantik oder den Dramatikern der Jahrhundertwende gegenüber praktisch in Anwendung kommen sollte?

BRECHT Eine epische Spielweise kommt nicht für alle klassischen Werke gleichermaßen in Frage. Am leichtesten scheint sie anzuwenden, das heißt am ehesten scheint sie Resultate zu versprechen bei Werken wie denen des Shakespeare und den Erstlingswerken unserer Klassiker (»Faust« inbegriffen). Es hängt davon ab, wie es in diesen Werken um die gesellschaftliche Funktion – Abbildung der Wirklichkeit zum Zweck der Einflußnahme auf die Wirklichkeit – bestellt ist.

WINDS Darf ich hier sagen, daß ich mir von der epischen Darstellungsform eine Befreiung aus der Fessel individualistischer Auffassung und Darstellung verspreche und aus dieser Objektivierung eine neue Belebung der künstlerischen Arbeit des Theaters erhoffe? Denn es ist kein Zweifel, daß der Zuschauer und Zuhörer im Theater heutzutage der Illusion des »als ob«, die von ihm verlangt wird, nämlich Schauspieler und darzustellende Rolle in ihrer subjektiven Ausdeutung als identisch zu empfinden, nicht mehr in allen Teilen zu folgen bereit ist. Es bedarf zweifellos einer neuen Illusionskraft der Bühne, um vor allem den einfachen, aber aufnahmebereiten Menschen zwingend anzusprechen. Es scheint mir nicht nur eine Frage des Stoffes zu sein, sondern eine Frage der Existenzberechtigung des Theaters unserer Zeit. Es ist zu begrüßen, wenn der Bühne vom Dichter und Dramatiker durch praktische Vorschläge neue Impulse gegeben werden, die dem Theater aus seiner Krise, soweit es eine solche im Künstlerischen überhaupt gibt, herauszuhelfen in der Lage sind.

Man kann sich einen sehr hohen kulturellen Stand des Theaters vorstellen, bei dem von den Figuren oft gespielter Stücke nicht nur der Text und was direkt aus ihm hervorgeht, bekannt ist, sondern auch ihre theatralische Ausformung sowie nicht nur die Situation, sondern auch deren theatralische Ausformung. Die neuen Regisseure zögen da die Bilder authentischer Aufführungen ebenso zu Rate wie der Regisseur eines Gorki-Films, wenn er einen bestimmten Besuch Gorkis bei Lenin zu inszenieren hätte, vermutlich (hoffentlich) das bekannte Bild benutzte, das Lenin und Gorki auf einer Bank sitzend zeigt. – Es sollte nicht lange bewiesen werden müssen, daß wir noch viel zu lernen haben, um so authentische Wiedergaben eines Stücks in lebendiger und geistreicher Form zustande zu bringen – viel bei der Herstellung von Modellen und viel bei ihrer Benutzung. (Bei einer halbwegs ernsthaften Einführung der Modellbenutzung würde sogar die Aufstellung eines völlig neuen Modells für ein schon modelliertes Stück einen Teil seiner Ideen und Wirkungen aus dem Vorhandensein des alten nehmen können.) Fürs erste sollten wir Dinge wie die Kopftücher der Weigel als Courage nicht ohne weiteres benutzen, noch den speziellen Ausdruck des Schmerzes in der dritten Szene. Und allenthalben, in jeder Einzelheit, wie in großen Zügen, sollte Frisches zu Tage gefördert werden. So töricht eine Nichtbenutzung des Modells (etwa aus Ehrgeiz) wäre, so klar sollte es doch auch sein, daß man ein Modell am besten benutzt, indem man es verändert.

WIE ERICH ENGEL DAS MODELL BENUTZT

Das Kopieren ist eine Kunst für sich, eine der Künste, die der Meister beherrschen muß. Er muß es schon deshalb, weil er sonst selbst nichts Kopierbares herstellen kann. Betrachten wir, wie ein großer Regisseur eine Kopie vornimmt.

Erich Engel bringt nur sehr selten eine feste Konzeption des Arrangements mit auf die Probe. Meist gibt er irgendwelche vorläufigen Stellungen an; dann studiert er sie und beginnt »hineinzugehen«, das heißt Verbesserungen vorzuschlagen, die den Sinn der Fabel reiner und eleganter herausbringen. Bei dieser induktiven Probenart kann eine Vorlage kaum in die Quere kommen, sie dient einfach als die vorläufige Annahme, die studiert und korrigiert wird. (Wobei sie unter Umständen ganz und gar fallen gelassen werden muß.) Der Meister erweist sich bei der Behandlung solcher Vorlagen, die er als wertvoll erkennt. Ein solches Arrangementsmodell handhabt er so behutvoll wie ein großer Geigenbauer eine Stradivarigeige, dessen Hände die Rundungen, die Belackung, die Maße des Intruments gleichsam neu erscheinen lassen. Nicht bevor er die Absicht des vorliegenden Arrangements voll erkannt hat, schreitet er zu einer Änderung. Das bedeutet aber, daß er imstande sein muß, die Vorlage erst einmal nachzubauen, in einer lockeren Weise, als etwas Vorläufiges, jedoch Bedeutsames. Er preßt die Vorlage voll aus, entnimmt ihr Fingerzeige auf die Drehpunkte der Szene und die Interpretation. Scharfäugig kontrolliert er Vor- und Nachteile des Arrangements für seine Schauspieler. Er scheint sich zunächst nicht besonders um ihre Besonderheiten zu kümmern, wenn er sie dazu bringt, die Stellungen und Bewegungen der Vorlage anzunehmen; aber das ist nur scheinbar, denn gerade an ihrer Mühe erkennt er gelegentlich die Eignung der Vorlage für sie; nicht immer taugt die Vorlage nicht, wenn die Mühe groß ist. Schreitet er dann zu Änderungen, ist es da, wo er eine besondere Eigenschaft der Szene entdeckt, die im Arrangement nicht geborgen ist, oder eine besondere Eigenschaft des Schauspielers, die keinen Ausdruck in ihm findet. Mit welcher Konsequenz untersucht er in einem solchen Fall das Vorher und das Nachher! Und wie sicher gibt er der Figur und der Szene die neue Spannung und die neue Balance. Die Abänderungen entstehen dadurch, daß das sich neu Ergebende der Vorlage einverleibt wird. Die so entstandenen Abänderungen mögen dann so gewichtig sein, daß etwas ganz Neues entsteht. Aber schon in der Vorlage findet der Meister Sprengungen, die bei der Erarbeitung der Vorlage selbst passiert sind, und fühlt er die Balance heraus, in welcher die unversöhnlichen Gegensätze sich halten. Er weiß, wie sich oft bei der Arbeit eine Wahrheit als Störungsfaktor, als etwas nicht ins Konzept Passendes anmeldet, das man gerne wegließe, weil es die Linie schädigt. Da tut der zu Unrecht Verfolgte etwas Häßliches – wird man nicht fühlen, er sei zu Recht verfolgt, wenn man es meldet? Da ist der Kluge in dem oder jenem dumm, der Geliebte unsympathisch, soll man es verheimlichen? Und die Sprünge in der Entwicklung – soll man sie verkleistern? Die Widersprüche – soll man sie nach der einen oder andern Seite hin auflösen? Der Meister entdeckt diese Dinge in der Vorlage, er vermag die Schwierigkeiten aufzuspüren, die bewältigt worden sind.

Beiträge von Mitarbeitern Brechts

WIE BENUTZT DER REGISSEUR BRECHT SEIN EIGENES MODELL

Brecht inszenierte die Courage in München nach seinem Berliner Modell. Er prüfte die Bilder des Modellbuchs nach, wenn es sich um Gruppierungen und vor allem um Abstände handelte. Er suchte nach dem Bildhaften und Schönen, jedoch niemals seinem eigenen Modell sklavisch folgend. Er ließ die neue Aufführung locker entstehen: vielleicht lag da eine neue Lösung; doch die neue Lösung mußte mindestens auf die Höhe der alten, schon geprobten Modell-Lösung kommen.

Er studierte die Modell-Bücher, um den Grund herauszufinden, warum er zu dieser Lösung, dieser Stellung oder dieser Geste gelangt war. Bald merkten die Schauspieler die Absicht des Regisseurs und wurden nicht verstimmt: Modell hin, Modell her, sie konnten zeigen, was sie wollten; wenn es gut war, wurde es sofort aufgenommen. Sofort gab Brecht jede alte Lösung auf, wenn er eine neue von den Schauspielern geliefert bekam, die den Sinn der Sache, den Gestus, den Inhalt wiedergab und die Chronik weitererzählte. Wenn man Brecht auf Sachen aufmerksam machte, die durch die neue Lösung weggefallen waren, baute er sie ein und gab sehr acht, daß nichts Wertvolles verlorenging. Fest lag nur der Platz von Mutter Courages Marketenderwagen. Er ist ein fester Punkt im Arrangement, eine gute Grundlage.

AUS DER KORRESPONDENZ DES BERLINER ENSEMBLES

FRAGE Wie zeigt man den immer weiterrollenden Marketenderwagen auf einer Bühne ohne Drehscheibe?

ANTWORT Zunächst sollte untersucht werden, ob nicht eine Handdrehscheibe aufgelegt werden kann, ziehbar von einigen Bühnenarbeitern. Wenn nicht, läßt sich das Vorspiel als Aufbruch geben: die Familie der Courage packt die letzten Stücke zusammen. Die Söhne werfen sich die Ziehgurte über, die Courage und Kattrin steigen auf. Alles geschieht singend. Wenn der Vorhang fällt, rollt der Wagen das kleine Stück, das die Bühne erlaubt. Am wichtigsten scheint uns, zu zeigen, daß alles in Bewegung ist. Dasselbe gilt für die siebente Szene. Im Schlußbild kann die Courage den Wagen zweimal herumziehen – jedenfalls ist diese Lösung auf größeren Bühnen ohne Drehscheibe möglich. Wenn kein Rundhorizont vorhanden ist, sollte man den Wagen erst abrollen lassen, wenn der Vorhang fällt.

Möglich ist jedoch auch eine Lösung, die allerdings einige

Übung in der Pantomime voraussetzt. Die Ziehenden vollführen die Bewegungen des Gehens und Ziehens, ohne sich mit dem Wagen fortzubewegen. Zwei der Räder können vom Innern des Wagens aus mit Stricken zum Drehen gebracht werden.

FRAGE Wie kann man die Umbauzeit bei Bühnen ohne Drehscheibe verkürzen?

ANTWORT Auch für Bühnen mit Drehscheibe sind die Umbauzeiten von größter Wichtigkeit. Man kann nicht verlangen, daß das Publikum eine halbe Stunde auf Umbauten in einem Stück wie »Mutter Courage« wartet. Das Stück hat fünfzehn Bilder, und die Umbauten dürfen keine zwei Minuten dauern. Für schnelle Umbauten kann man die Drehscheibe nicht ausnützen, weil die Bühne in mehreren Szenen leer sein muß.

Umbauten müssen wie Szenen probiert werden. Es gehört zur Regie: jeder Bühnenarbeiter muß eine Rolle zugeteilt bekommen. Was trägt er hinein? Was nimmt er gleichzeitig mit hinaus? Wieviel Licht kann man den Bühnenarbeitern lassen, wenn die Projektion noch klar auf dem Vorhang stehen muß? Müssen den Bühnenarbeitern Strohschuhe gegeben werden, damit der Lärm auf der Bühne nicht zu groß wird?

Die Stoppuhr darf bei der Regie nicht fehlen. Nur durch ständiges Kontrollieren der Zeit können die Umbauzeiten kontrolliert werden.

FRAGE Wie erreicht man die beste Ausdrucksweise der stummen Kattrin?

ANTWORT Man erreicht sie, wenn die Darstellerin der Kattrin bei den ersten Proben voll ausspricht, was sie später durch Gesten und kleine Laute ausdrücken muß. Dadurch bekommt sie die Gesten, die zum Inhalt ihrer Sätze gehören. Zum Beispiel in der ersten Szene: »Der Werber nimmt Eilif mit sich! Tu was – Komm! Der Teufel stiehlt uns Eilif – Komm doch!« In der dritten Szene: »Zwei Soldaten haben nach einem aus dem Zweiten Finnischen gefragt – die haben Schweizerkas gesehen – der eine war ein Einäugiger. Schweizerkas hat nichts verstanden und ist mit der Schatull weggegangen ...« Es muß in rasendem Tempo gesprochen werden, weil Kattrin aufgeregt ist, trotzdem muß alles darin sein. Erst wenn die Mutter sie beschimpft, daß sie wie ein Hund jault, wiederholt Kattrin alles langsam und deutlich.

Allmählich nimmt man auf den Proben die Deutlichkeit der Wörter weg, so daß nur Laute zurückbleiben. Auch kann sich jede Darstellerin ihre eigenen Laute ausdenken.

FRAGE Wissen die Kinder der Courage, daß die Mutter einen Schwindel macht, wenn sie in der ersten Szene den Feldwebel das schwarze Kreuz ziehen läßt?

ANTWORT Nein. Die Courage sagt dem Feldwebel einen frühen Soldatentod voraus, um die Kinder zu warnen, vor allem ihren kühnen Sohn Eilif, der Lust bekommen hat, Soldat zu werden. Im Modell fehlt leider ein Bild, das zeigt, wie sich die Courage nach Eilif umwendet, ob er auch zusieht, bevor sie geht, den Feldwebel das Los ziehen zu lassen. Die Frage »Lachen die Kinder bei dem Schwindel?« beantworten unsere Bilder: der kühne Sohn Eilif nimmt es sauer auf – er mag nicht mehr den Wagen ziehen und sein Leben von der Mutter bestimmen lassen; der redliche Schweizerkas strahlt, wenn der Feldwebel sein Kreuz gezogen hat: »Ein schwarzes Kreuz hat er gezogen, hin geht er.« Kattrin zeigt großen Ernst, erst wenn Schweizerkas strahlt, grinst sie mit.

FRAGE Das Modell zeigt als letzten Moment der fünften Szene (Auf dem Schlachtfeld), wie die stumme Kattrin das von ihr gerettete Kind strahlend hochwirft. Wir ließen, bevor die Gardine sich schließt, die Courage ihre Beute zusammenrollen, einen Pelzmantel, den sie einem Soldaten, der seinen Schnaps nicht bezahlen konnte, abgerissen hat. Dabei sagt der Feldprediger: »Es liegt noch einer drunten.« Diesen Satz setzte das Regiekollektiv als Szenenschluß, um den Gegensatz zwischen den Beutemachern und den Geschädigten zu zeigen.

ANTWORT Die Lösung des Regiekollektivs Döbeln ist ein interessantes Beispiel für die freie Benutzung des Modells.

Unsere Lösung ein Beispiel für die freie Benutzung des Textes. (Wir strichen den letzten Satz im Buch.)

FRAGE In der zweiten Szene befindet sich die Feldküche neben dem Zelt des Feldhauptmanns im Freien. Eilif und der Feldhauptmann gehen in die Feldküche durch einen Schlitz links hinten. Wir ließen sie an der Rampe entlang hinübergehen. Möglich?

ANTWORT Scheint uns nicht möglich. Nicht, weil die Illusion des Zuschauers zerstört wird. Aber die Trennung zwischen Zelt und Küche muß real genommen und betont werden, denn sie hat soziale Bedeutung. Das Erscheinen des Feldhauptmanns in der Küche ist ein Ereignis: der Koch salutiert, die Händlerin knixt.

FRAGE Weiß die Courage, daß sie ihren Sohn Eilif einbüßte, weil sie eine Schnalle verkaufen wollte?

ANTWORT Ja. Sie zeigt es dadurch, daß sie den Bund mit Schnallen und Gürteln wütend in den Wagen schleudert, bevor sie weiterzieht.

Ruth Berlau
Die holländische Courage

EINE ERFAHRUNG MIT DEM MODELL IM AUSLAND · SUBJEKTIVE ERLEBNISSE KÖNNEN FÜR DAS ROLLENSTUDIUM NICHT IMMER VERWERTET WERDEN · HILFSMITTEL · ABNEIGUNG GEGEN REQUISITEN · HILFE DES MODELLBUCHS BEI DER ÜBERSETZUNG

Het voorjaar komt, O Christenmens!
De sneeuw smelt weg, de doden rusten.
Maar wat nog niet gestorven is
Dat rept de benen nu gewis.

Wer sich ins Ausland begibt, Mutter Courage nach dem Berliner Modell zu inszenieren, muß sich gefaßt machen auf die unheimliche Aktualität dieses Stückes in Ländern, die vom Hitlerkrieg überzogen wurden. Die holländische Geschichte kennt einen achtzigjährigen Krieg, der Holland völlig verwüstete, aber die Schrecken des Nazikriegs überschatten ihn.
Wenn die Courage in der dritten Szene vor der Leiche des Schweizerkas steht und gezwungen ist, ihn zu verleugnen, und die holländische Schauspielerin Aaf Bouber weinend dastand, konnte ich es kaum über mich bringen, ihr zu sagen, daß die Courage sich nicht verraten darf und daß sie, selber mitschuldig am Tod des Sohnes, auch nicht allzuviel Sympathie für die Händlerin erzeugen darf. Aaf Boubers eigener Sohn war von den Nazis abgeholt worden, und sie hatte ihn nie wieder gesehen. Jedesmal, wenn sie auf der Probe vor der Leiche stand, wurde ihr schlecht, und sie konnte sich kaum beherrschen.
Aaf Bouber hatte 40 Jahre naturalistisch gespielt, ausschließlich auf Einfühlung in die Figur des Stückes bedacht. Sie hatte ein Register von Gefühlen, reich an Tönen wie eine Orgel. Es kam mir zunächst so vor, als schleppte ich jeden Tag aus dem Probesaal insgeheim ein paar Flöten weg, nachdem ich schon das Pedal ganz entfernt hatte. Aber ich mußte dies der Bedürfnisse des Stücks wegen zunächst tun. In den späteren Proben gewann sie die Vielfalt der Ausdrücke natürlich voll zurück.
Als wir über die Bedeutung der Szene übereingekommen waren, wählte sie von den Möglichkeiten des Modells die Lösung der Giehse, eine freche Haltung, deren Künstlichkeit erschütterte. Für viele Darstellerinnen der Courage ist es das Schwierigste, das eigene Mitleid mit der so vieles erduldenden Händlerin so weit zurückzudämmen, daß sie ihre asoziale Haltung, das Mitmachen am Kriege und ihre Unbelehrbarkeit darstellen können.
In der Schlachtfeldszene (5) halfen wir uns damit, daß die

Bouber einen Helm trug. Wenn die Courage das Leinen für die Verwundeten nicht hergeben wollte, weil die nicht zahlen könnten, gab schon der Helm der Händlerin ein hartes Aussehen und zeigte, daß diese Härte vom Krieg stammte. Den Helm trug sie auch im 7. Bild, wo sie der Meinung ist, daß der Krieg seinen Mann nährt.
Auch am Schluß der 8. Szene hatte ich den Helm hinten in den Wagen gelegt und der Bouber freigestellt, ihn noch beim Weiterfahren schnell aufzusetzen, um ihre Freude über den Fortgang des Krieges zu unterstreichen. Solche Stellen fielen ihr schwer, solange sie noch ganz mit Einfühlung spielte: Sie haßt den Krieg.
In Holland entstand der neue Schlußsatz der Courage. Weil auch die Bouber mehr erwartete von dem Mitleid der Zuschauer als von ihrer harten Kritik dieser Mutter, fügten wir, wenn sie, die drei Kinder im Krieg verloren hat, sich allein vor den Wagen spannt, hinzu: »Ich muß wieder in'n Handel kommen!« Doch war selbst ihr letztes Dem-Krieg-Nacheilen, selbst ihr den abziehenden Heerhaufen geltender Ruf »Nehmt's mich mit!« immer noch überschattet von Trauer und Sentimentalität. So habe ich die Trommel Kattrins an dem sonst völlig leeren Marketenderwagen hängen lassen, damit sie hin und her baumelte und den Blick des Zuschauers fing: Eine Trophäe des Krieges, der über die Courage gesiegt hatte:
Wie van de oorlog wil halen,
moet er ook voor willen betalen.

Wie viele heutige Schauspieler haßte die Bouber die Requisiten und meinte, es genügte, wenn sie sich auf der Premiere damit beschwerte.
Ich hatte, aus Erfahrung klug geworden, als Allererstes dem Requisiteur unsere Requisitenliste mit Bildern gegeben. Er ist ein Künstler und sagte, unsere Liste der Requisiten gebe schon allein die Fabel des Stückes her. Er schluckte die Liste wie

andere einen Kriminalroman. Er war aber nicht gewöhnt, daß der Regisseur eigens Requisitenbesprechungen ansetzte und stundenlang Schönheit und Richtigkeit der Requisiten überprüfte. Auch die Requisiten sind in Modellen ja nie zufällig. Die Courage stopft in der sechsten Szene zum Beispiel ihre Tonpfeife aus einem alten, kleinen Tabakbeutel. Das gibt ihr das Ruhige, Ausgeglichene, mit dem sie uns erklärt, daß arme Leute Courage brauchen. Der Tabakbeutel muß die Schönheit und Haltbarkeit alten Leders haben, damit er mit Grazie gehandhabt werden kann.

Der Regisseur muß sich mit dem Requisiteur ans Materialstudieren begeben: Wie alt sind die Dinge? Wie müssen die bastumwundenen Flaschen aussehen? Wann ist ein Becher wertvolles Zinn, wann nur Holz? Im Zelt des Feldhauptmanns zeigen die Requisiten allein seine Karriere: Es ist zusammengestohlene Kriegsbeute. Also muß jede Sache wertvoll sein, sonst hätte er sie nicht mitgeschleppt.

Der holländische Requisiteur hatte viel Sinn und Gefühl für Material und weinte fast, wenn die Direktion einen Kupferkessel für »seine« Küche ablehnte, er kostete 60 Gulden. Wenn ich nicht eingeschritten wäre, hätte er diese alte Schönheit von seinem Gehalt gekauft.

Ein Requisiteur muß mit allerlei Schwierigkeiten rechnen: In Holland war gerade eine Krankheit unter Hühnern ausgebrochen, so daß es ein Verbot gab, Federn in eine Stadt zu bringen. Nachts schmuggelte unser Requisiteur chemisch gereinigte Federn ins Theater: um seinen Kapaun für die zweite Szene zu kaschieren.

Seine Fragen zeigten, wie tief er in das Stück eingedrungen war: Sind nun die Schinken, die an dem Marketenderwagen hängen, größer im 7. Bild, wo die Courage reich geworden ist? Soll man im 5. Bild ein Stück extra dickes Leinen in die Offiziershemden der Courage einnähen? Damit das Zerreißen dieses kostbaren Eigentums der Courage noch mehr ins Ohr geht und sie aufregt?

Je realistischer das Spiel der Bouber wurde, desto mehr verlangte sie nach den verhaßten Requisiten. Sie verlangte neue und bereicherte unser Modell mit ihren Einfällen. Zu den neu eingekauften Waren, die Kattrin ihre Entstellungen einbringen, verlangte die Bouber etwa einen Panzer dazu. Diesem wollte sie einen Fußtritt geben, wenn sie über den Krieg schimpft, und zwar auf den Satz: »Eine schöne Einnahmequelle!«

Es fällt erstaunlich vielen Schauspielern schwer, beschäftigt zu sein *und* weiterzusprechen. In Bild 8 packt die Courage ihre sieben Sachen zusammen, alles kommt in den Wagen, der Krieg geht weiter. Die Repliken werden gesprochen beim Packen.

Bei der Courage sind die Beschäftigungen besonders wichtig, weil gezeigt werden muß, daß ihr Fleiß und ihre Tüchtigkeit ihr nichts helfen. Was sie fühlt, zeigt sie durch die Art, wie sie arbeitet. So zeigt ihr fröhliches Packen – wie sie sich freut, daß wieder Krieg ist: »Ein kurzer Friede wars, und schon gehts weiter.« Das Packen gibt der Szene die Eile: es warten Geschäfte. Natürlich muß das Packen technisch genau eingeteilt werden: wann nimmt sie den Sack, wann den Eimer usw. Da sträubte die Bouber sich. Sie wollte in Ruhe ihre Repliken sprechen, die Szene »voll ausspielen«. Mit allen Registern.

Da ich nicht auf den Modell-Lösungen beharre – obwohl wir versuchen, sie verführerisch zu machen –, nahm der Requisiteur schweren Herzens die schönen Sachen wieder weg. Sie waren federleicht gemacht worden, damit es keinen Atem wegnahm, sie aufzuheben und in den Wagen zu werfen.

Auf der Bühne steht aber eine kleine Bank, die in dieser Szene benötigt wird. Sie *muß* in den Wagen, weil die Bühne leer sein muß, wenn der Marketenderwagen in den Krieg rollt. Als nun die Bouber die Bank in ihren Wagen packte, bekam sie plötzlich Lust am Packen – die Fahrt, das Tempo, das Dringliche, – und sie verlangte doch noch nach dem Sack, der gerade beim Wagenrad dagestanden hatte. Bald vermißte sie

auch den anderen Sack, und den Eimer wollte sie auch in den Wagen werfen.
Wie in Bild 6, wo sie dem Panzer einen Fußtritt gab, bereicherte sie auch hier unser Modell, indem sie nach dem Beil verlangte. Wenn sie nach dem Feldprediger fragt, erinnert das Beil die Courage an seinen Antrag beim Holzhacken (Bild 6). Bei ihrem Satz: »Wo ist der Feldprediger?« schwang sie spaßhaft das Beil hin und her, bevor sie es in den Wagen warf. Damit erledigte sie den Feldprediger und beschloß, den Koch mitzunehmen. Requisiten bedeuten Hilfe. Wie lustige Instrumente spielen sie mit, die Fabel erzählend.

Anna Blaman, eine der besten Schriftstellerinnen Hollands, hatte das Stück übersetzt und wohnte den Proben bei. Wenn ein Schauspieler bei der oder jener Replik Schwierigkeiten hatte, sie gestisch auszudrücken, lag es meistens an der Übersetzung, und wir änderten sie. Das Gestische in Brechts Sprache findet ein Übersetzer am besten heraus, wenn er auf den Proben mitarbeitet, das Modellbuch vor Augen.
Da ist die Knappheit der Sprache. Nach kurzer Zeit fanden die Schauspieler, daß man die kleinen Zwischenwörter streichen konnte. Für einen Brecht-Übersetzer liegt die Schwierigkeit darin, daß Knappheit und Poesie sich die Hand geben müssen. Die niedrige, grobe und die schöne, große Sprache stimmen überein mit dem Vorgang. Oft läuft das Sprachliche dem Übersetzer sozusagen vom Inhalt weg und verliert das Gestische, was den Schauspieler sofort hilflos macht.
So streiten sich Brecht-Übersetzer und Darsteller in vielerlei Sprachen. Wo der Übersetzer meint, so sei es schön zu lesen, behauptet der Darsteller, anders sei es lustig zu sprechen. Meistens haben aber die Darsteller recht, und die Übersetzungen sind am besten, die im Theater entstanden, wie zum Beispiel »Leben des Galilei« mit Charles Laughton. Für viele Schriftsteller ist ein Unterschied zwischen dem Geschriebenen und dem Gesprochenen. Bei Brecht enthält das Geschriebene schon

das Gesprochene – was wir auf der Bühne das Gestische nennen. Dazu kommt dann noch das Ungewöhnliche und Widerspruchsvolle. Es schien mir bei der Arbeit an der holländischen Übersetzung, daß Schauspieler auch deshalb gute Brecht-Übersetzer sind, weil sie Spaß haben am Ungewöhnlichen und Widerspruchsvollen. Wenn die Courage den Zeugmeister fragt, warum er nicht selber das Geschäft mit dem Zeugmeister vom Vierten Regiment mache, antwortet er: »Weil ich ihm nicht trau, wir sind befreundet.« Der Gedanke kam der holländischen Übersetzerin so ungewöhnlich vor, daß sie es für nötig hielt, ihn so auszudrücken: »Omdat ik hem niet vertrouw; ik ken hem, want we zijn bevriend met elkaar.« (Weil ich ihm nicht trau, ich kenn ihn, wir sind miteinander befreundet.) Die Schauspieler begriffen den Satz sofort. Eine bestimmte Art, den kurzen Satz zu sprechen, klärte ihn ganz.

Ein anderes Beispiel: Die Courage sagt dem Zeugmeister: »Heeresgut nehm ich nicht. Nicht für den Preis.« – Die Übersetzung: »Legergoed neem ik niet. Tenminste niet voor die prijs.« Die Bouber protestierte: »Tenminste« wurde gestrichen, wie alle solch kleinen Verbindungswörter.

Alle Übersetzungen von Theaterstücken muß man kämmen, bürsten und muß sie reinigen von überflüssigen Wörtern und erklärenden Umschreibungen. Eine Geste macht den Satz klar.

Manfred Wekwerth
Einige Notizen zu den Änderungen bei der Neuinszenierung von 1951

Als Brecht das Stück »Mutter Courage und ihre Kinder« 1951 mit dem Berliner Ensemble neuinszenierte, benutzte er das Modell der Aufführung von 1949 und die Erfahrungen der Münchner Aufführung von 1950, aber er änderte einige Details ab. Die nachfolgenden Notizen sind einem umfangreichen Probentagebuch entnommen.

1. Bild

Die Courage kündigt an: »Jetzt steigen wir auf und fahren weiter«, darauf sagt sie leise zu den Kindern: »Weiter! Weiter!« Sie will fort wegen der Kinder, bleibt aber da wegen der Kundschaft. Aus diesem Grunde beginnt sie das Geschäft nicht arglos, sondern mißtrauisch.

2. Bild

Bisher wurde der Feldhauptmann nur als Rüpel gezeigt, der wahllos jeden schikanierte. Jetzt hat seine Verachtung des Feldpredigers einen anderen Grund: Er hat wie überhaupt die ganze »ideologische Abteilung« des Schwedenheeres versagt. Würde der Feldprediger nicht so viel vom Glauben reden, äßen die Soldaten auch schimmeliges Brot. Der Krieg hätte sich viel schneller normalisieren können, er wäre schon längst ein normaler Raubkrieg, wenn den Soldaten nicht ständig verantwortungslos eingeredet würde, sie stritten für Gott.

Als der Feldhauptmann auf den König verweist und Eilif ihn sich zum Vorbild nehmen will, sagt er: »Du hast schon was von ihm.« Bisher war noch nicht herausgekommen, daß er damit das Saufen meinte. Wir machten den Gestus größer, indem der Becher durch eine Kanne ersetzt wurde.

Eilifs Tanz war bisher zu formlos. Der Tanz mit dem Song muß genügend wild, aber auch genügend lässig sein, dabei nicht zu vornehm. Der Landsknecht, der tanzt, muß erhalten bleiben. Am Anfang muß Eilif möglichst dünn, aber natürlich singen. »Sagte das Weib zum Soldaten« ist nur zu erzählen. Das Schwert bleibt dabei neutral. Durch die neu eingeführten kleinen Sprünge werden die Schwertbewegungen tumultöser, aber nicht abstrakt (kein »Schwert an sich«). Das bisher benutzte Schwert hatte eine ungünstige Lage des Schwerpunkts, es wurde ausgewechselt gegen eine Art chinesischen Säbels (Verbreiterung des Blattes nach unten). Am Anfang hält er den Säbel wie ein Säugling (Parodie), die Schritte werden schmaler (wie bei einem Betrunkenen), bis er am Ende leichtsinnig wird und einen Sprung wagt: er fällt hin. Je lockerer der Tanz ist, um so besser.

3. Bild
Der Koch singt das Lied »Eine feste Burg ist unser Gott« als Trinklied. Der Feldprediger kommt dabei mit ins Singen, sieht sich aber ab und zu scheu um. Der zweistimmige Schluß ist von allen sehr andächtig gesungen.

6. Bild
Der erste Soldat und der singende Soldat wurden in eine Rolle zusammengezogen: ein fescher Reiter mit Bärtchen. Als ihm der Eintritt versagt wird, dreht er sich beleidigt um. Aber draußen regnet es, und es wird ihm mit der Zeit langweilig. So versucht er wenigstens etwas von den Gesprächen im Zelt aufzuschnappen. Dazu muß er sich wieder umdrehen. Aber das Gespräch wird ihm zu intellektuell. Wenn der Gesang seinen Höhepunkt erreicht hat, greift er haltsuchend in die Zeltseile. Das Zelt wankt, alle drehen sich zu ihm und warten ab, was nun noch passiert, auf alles gefaßt. Aber Gottseidank wird es ihm nun zu langweilig, und er geht endgültig weg.

Wenn der Feldprediger die Axt holt, demonstriert er in seinem Gang deutlich seine Meinung über den Mißbrauch seiner Talente zu körperlicher Arbeit: Er nimmt die Axt nicht auf, sondern schleift sie hinter sich auf dem Boden nach. Auch das Holzhacken verrät seine Verachtung dieser

Arbeit. Der Feldprediger bleibt stets, um überflüssigen Kraftaufwand zu vermeiden, in gebückter Stellung. Das Aufstellen der Scheite nimmt die meiste Zeit in Anspruch.

8. Bild

Als Eilif hereingeführt wird, zeigt er zunächst panische Angst vor der Hinrichtung. Als seine Mutter, die letzte Hoffnung, nicht da ist, beginnt rasch sein Verfall.

9. Bild

Busch: »Wenn der Wagen jetzt die Leute hält, müssen wir auch eine Haltungsänderung vornehmen; wir müssen erschöpft gebückt bleiben.«
Brecht: »Nein! Sie benutzen diese günstige Gelegenheit, Ihre Knochen zu recken. Der Ton kann zänkisch sein.«

Busch: »Soll der Salomon-Song auf Leierkasten gesungen werden?«
Brecht: »Nein. Sie mögen ihn, realistisch gesehen, schon hundertmal auf Leierkasten gesungen haben. Aber er wählt das Lied in dieser Situation mit Grund. Er singt es hier, weil es paßt, auf Sinn.« – Nach jeder Situation sieht er nach, ob sich etwas regt. Die letzten Zwischentexte werden zornig gesprochen.

Vorbereitung der Aufführung

Paul Dessau
Zur Courage-Musik

Die Courage-Musik entstand im Jahre 1946 in engster Zusammenarbeit mit Bertolt Brecht. Sie besteht aus zehn Liedern, einigen Märschen, einem kurzen Vorspiel und einem Finale, das die drei verschiedenen Marschthemen zusammenfaßt, die im Stückablauf eine dramatische Rolle spielen. Das Hauptstück ist das Lied der Courage, dessen Melodie einer alten französischen Romanze entlehnt ist.
Alte Melodien zu bearbeiten, ist nicht neu in der Geschichte der Musik. Die Wiederaufnahme und Verarbeitung älteren Kulturguts hat das zeitgenössische Schaffen seit jeher um große Werte bereichert.
Zu den anderen Texten versuchte ich Musikstücke zu erfinden, die, ausgehend vom Volkslied, das Volkslied erweitern, indem sie es durch rhythmische und harmonische Mannigfaltigkeit bereichern. Damit glaube ich, eines der vielen wichtigen Probleme unserer zeitgenössischen Musik berührt zu haben.
Das im Stück nächstfolgende Lied ist ein Tanzlied. Es hat seine eigene kleine Geschichte. Die vorliegende Fassung ist die fünfte. Sie entstand in unmittelbarer Zusammenarbeit mit Autor, Bühne und Darstellern. Es ergab sich, daß Melodramatisches am Platze war. So erhielt das Lied den Charakter eines dramatischen Tanzes in freier Rondoform, sehr aufgelöst und vielleicht deshalb besonders schwierig zu erfassen.
Es ist bereits ersichtlich, daß ich bei der Vertonung der Texte vom Wort ausging, das schon bei Brecht von hoher Musikalität ist. Hierdurch kommt für den Musiker, der dem Wort nicht die Alleinherrschaft belassen will, ein neues Problem

hinzu. Im folgenden will ich dies aufzeigen und deutlich zu machen versuchen.
Hier ergab sich, trotz nicht vorgesehener Zäsuren, eine ganz selbstverständliche Homogenität von Musik und Wort.

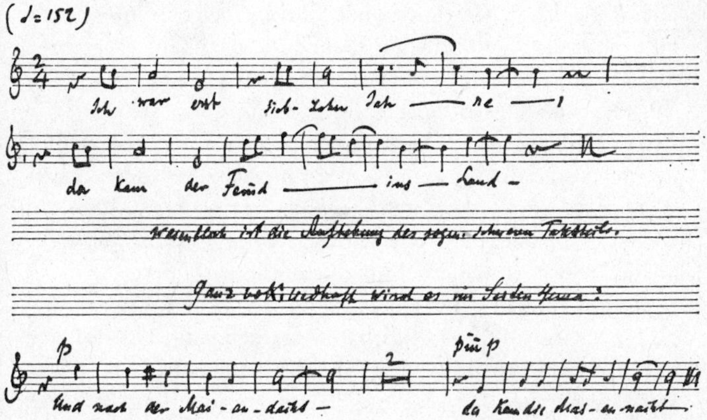

Die Bildhaftigkeit und der Brechtsche Gestus, der poetische sowohl als der politische Sinn, wurden nicht vernebelt durch die kleinen Fiorituren (melodische Ausschmückungen, die dem Volkslied weniger eigen sind, dem Volksliedhaften aber Kunstcharakter zuweisen). Im Gegenteil, dieser Kunstgriff schaffte eher eine Vereinheitlichung.
Die vier Einleitungstakte des »Stundenliedes«, die dem Neun-Takter-Lied vorangehen, sind einer alten Musik entnommen. Der versteckte Kanon in der Strophe ist stilistisch gerechtfertigt. Ich setze Melodie und Kanon her:

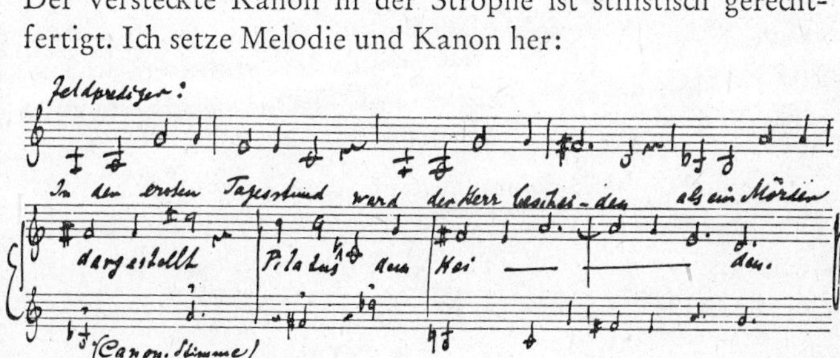

Das »Lied von der Bleibe« hat volksliedhaften Charakter. Die Taktstrichlosigkeit geht zurück auf frühe Beispiele. Es wird von einer Gitarre begleitet.
Das kleine Soldatenlied könnte auch als Fanfarenthema dienen. Es hat Moll-Dur-Charakter und dürfte eine recht interessante Harmonisieraufgabe für angehende Musiker sein.
Die Orchestrierung des »Lieds von den Anfechtungen großer Geister« besteht aus einem Harmonium, einer kleinen Flöte und einer Trompete. Die Musiker spielen in der ersten Bühnengasse, so daß sie guten Kontakt mit den singenden Schauspielern haben. Das Ganze hat Bänkelsängercharakter und ist leicht zu behalten. Die Courage fällt an einigen Stellen mit ein. So wird das Lied zu einem kleinen Duett.
Das »Wiegenlied« der Courage lehnt sich bewußt an Vorbilder an. Es sollte möglichst tonlos gesungen werden. Überhaupt vertragen die Courage-Lieder keinen »großen« Ton. Im Altenburger Landestheater hörte ich sie halb gesprochen. Das gab auch eine gute Wirkung.
Das »Lied von der großen Kapitulation« hat denselben musikalischen Gestus, der dem »Lied vom Fraternisieren« eigen ist. Die Musik beherrscht den Text, deutet ihn gleichsam und macht ihn durch die Abgrenzungen des Melodischen sogar »schärfer«. Es geht so weit, daß man kleine Formen antrifft, wie zum Beispiel bei den Worten »Besondres bin« und »Gewinn«, die musikalisch gleichen Ursprungs sind. Es ist gleichgültig, ob die Umkehrung der Phrase beabsichtigt war oder sich im Prozeß der musikalischen Arbeit ergab. Auf die Reinheit des Stils kommt es an. Ich glaube, daß sie hier erreicht ist. Das vielgestaltige Lied wird von Wanzenklavier, Harmonika und Schlagzeug begleitet.
Von den Märschen ist der »Siegesmarsch« am ausgeprägtesten. Nur zwei Flöten, Trompete und Harmonika mit etwas Schlagzeug ergeben die erwünschte Wirkung der Siegesfeier hinter der Szene. Seine Thematik hat echten Tanzcharakter.

Der Trauermarsch zur Beerdigung des Feldhauptmanns Tilly ist dem kleinen Vorspiel entnommen. Einzelne Teile koppelte ich mit einem anderen kleinen Marsch.

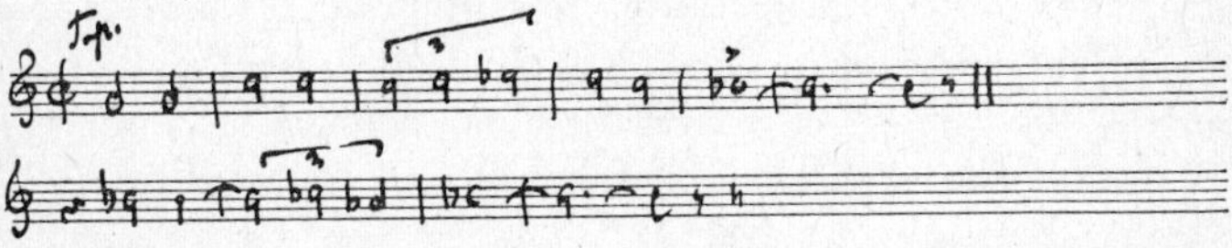

Das Finale faßt all die kleinen Themen zusammen. Die beiden kleinen Flöten spielen eines der Marschthemen, die Trompete intoniert Motivstücke aus dem Trauermarsch, und der Männerchor singt das Hauptlied, das Courage-Lied in erweiterter Form:

Das Orchester besteht aus sieben Musikern. Das Klavier erhält durch kleine Reißnägel auf den Hämmern den Klang, der an eine übergroße Gitarre erinnert (Wanzenklavier). Nur durch diese wesentliche Zutat ergibt sich das neuartige Klangbild, das durch das hinzukommende Akkordeon, die zwei Flöten, eine (mit Ausnahme der Bühnenfanfaren) fast durchweg sordinierte Trompete und Schlagzeug entsteht. Die Gitarre wird an einigen Stellen solistisch eingesetzt. Bei der Wiedergabe der Courage-Musik soll man den Eindruck haben, als hörte man altbekannte Weisen in neuer Form, ein Volksgut, dessen Eigenart mehr in seinen Charakteren und Phrasenabwandlungen liegt, als in einzelnen Tonfolgen oder gar in »landläufigen« Harmonien. Denn die echte Volksmusik erhält wohl erst durch ihre weitläufige Variabilität einen erzieherischen und fortschrittlichen Wert.

Angelika Hurwicz
Einige couragierte Mitteilungen über ›Mutter Courage‹

Im Begriff, dies niederzuschreiben, komme ich mir wie ein Wochenschauberichterstatter vor. Ich unternehme es, von Dingen zu sprechen, die dabei sind, zu geschehen. Ich werde Zustände schildern, die sich in jedem nächsten Augenblick verändern können. Das Ende so mancher angebahnten Entwicklung ist nicht vorauszusehen, wieviel weniger noch kann man die Gestalt einer Inszenierung bei ihren Anfängen ahnen.
Obwohl wir mit Brechts »Mutter Courage« kaum über die Stellproben hinausgekommen sind, werde ich dennoch über meine Eindrücke von dieser Probenarbeit schreiben, und ich

werde es überschwenglich tun. Ja, dies wird ein Manifest der Anmaßung, aber auch des Glücks sein.

Anmaßend will ich gleich behaupten, daß konservativ zu sein in Theaterdingen sehr förderlich ist. Mich persönlich vermag nichts Zukünftiges so zu interessieren als alles, was in den ersten drei Dezennien unseres Jahrhunderts auf der deutschen Bühne geschah. Das scheint mir sehr wert, erforscht zu werden, denn es siechte ja nicht langsam dahin, sondern hörte übergangslos auf. Verstopfte Quellen aber können nicht versiegt sein, und die Triebe eines verschnittenen Baumes bleiben lebendig.

Wer beschreibt also mein Glück darüber, in »Mutter Courage« zum ersten Male gleich unter Erich Engel und Bertolt Brecht arbeiten zu dürfen!

Seit ich am Theater bin, hörte ich davon, daß Brecht einen neuen Stil der Darstellung auf der Bühne einführen wollte. Schlagworte summten mir um die Ohren, wie ». . . natürlich absolut unnaturalistisch – keine Übergänge spielen – niemals die Rolle leben – die Rolle eben in scharfer, hämmernder Diktion geben – eine Art Laienspiel . . .« Stellte ich gründlichere Fragen, so wurde mir die Antwort zuteil, daß Brecht sehr viele, allerdings einander ein wenig widersprechende Theorien darüber niedergelegt habe; letzten Endes müsse man eben von einem spezifischen Brecht-Stil sprechen.

Nach diesen jahrelangen Einflüsterungen war mir ordentlich bange, als ich auf die erste Probe kam. Allerdings machte es mich etwas stutzig, daß der so Geheimnisvolles anstrebende Dichter als Regisseur für sein Stück Erich Engel gewählt hatte, dessen unproblematischer, nüchterner Stil mir aus einigen seiner Inszenierungen bekannt war.

Meine Furcht vor dem großen, unbekannten Neuen, das da kommen sollte, machte bereits auf der ersten Stellprobe einem tiefen Glücksgefühl in mir Platz. Auch diese Art, eine Inszenierung anzupacken, war neu für mich. Aber neu auf eine ganz besondere Weise. Es war wie die erste Begegnung mit einem Menschen, den man schon lange Jahre zu kennen glaubt. Ich begriff, daß hier auf die einfachste und zarteste Weise Theater gespielt werden sollte. Es fing überhaupt schon auf der Leseprobe an, als Erich Engel leise sagte: »So, wir lesen uns nun das Stück einmal vor.« Das war alles. Keine Debatten über die Diktion oder über die »ganz besonderen Erfordernisse des Stücks«.

Erich Engel ist kein Regisseur, der hinreißend vorspielt. Aber es ist ein Erlebnis, ihn auf den Stellproben und später noch schweigend jede Stellung für sich selbst ausprobieren zu sehen, ehe er sie dem Schauspieler als Anweisung gibt. Da gilt keine am Schreibtisch ausgeklügelte schöne Figur. Die Wahrheit, das heißt, ob es möglich ist, und zwar einem Individuum X möglich ist, dahin zu gehen oder sich dorthin zu setzen in der und jener Situation, die geht vor. Und ich stehe dabei und fühle wie in den seltensten Augenblicken meines Lebens, daß es nur eine Wahrheit gibt.

Bertolt Brecht ist bei den Proben aktiv anwesend. Er spielt so vital vor, daß er in der Zusammenarbeit mit Erich Engel gleichsam sein eigenes Stück ist. Wenn Brecht vorspielt, so tut er es nicht nur, um eine Vorlage zu geben, sondern auch, um die Schauspieler auf einen natürlichen Ton zu bringen, auf die denkbar äußerste Schlichtheit zu reduzieren. Und bei dieser Trockenheit vermittelt er Erlebnisse, wie ich sie stärker nicht durch einen Paul Hörbiger und eine Wessely hatte. Er ist nicht etwa ein Naturtalent. O nein, er versteht das Handwerk; jede Zäsur, jede Handbewegung ist bewußt gesetzt. In der Fülle der Nuancen und Übergänge seines Spiels versinken alle Schlagworte über den Brechtschen Stil. Das für uns »Nichts-als-Schauspieler« beschämende Wunder seiner schauspielerischen Kraft kann ich mir nur damit erklären, daß Brecht ein Wahrheitssucher ist und daß alle Kunst nur in einer einzigen Wahrheit wurzelt. Soweit man erkennen kann, ist diese Wahrheit, die Wahrheit suchen.

Über die Aufführung von »Mutter Courage und ihre Kinder«

Bertolt Brecht
Mutter Courage in zweifacher Art dargestellt

Bei der üblichen Darstellungsart, welche Einfühlung in die Hauptperson bewirkt, kommt der Zuschauer (nach vielen Zeugnissen) in den Genuß eines eigentümlichen Genusses: eines Triumphs über die Unzerstörbarkeit einer lebenskräftigen, durch die Unbilden des Krieges heimgesuchten Person. Die aktive Beteiligung der Courage am Krieg wird nicht wichtig genommen, er ist eine Erwerbsquelle, möglicherweise die einzige. Abgesehen von diesem Moment der Beteiligung, trotz ihrer, ist die Wirkung ähnlich wie die beim »Schwejk«, wo – in einer allerdings komischen Sphäre – der Zuschauer mit dem Schwejk über die Pläne zu seiner Aufopferung durch die großen kriegsführenden Mächte triumphiert. Die ähnliche Wirkung bei der Courage ist aber von weit geringerem gesellschaftlichem Wert, weil eben ihre Beteiligung, so indirekt sie auch hingestellt werden mag, nicht gewogen wird. In der Tat ist diese Wirkung geradezu negativ. Die Courage erscheint hauptsächlich als Mutter, und Niobe gleich vermag sie ihre Kinder nicht vor dem Verhängnis Krieg zu schützen. Ihr Beruf als Händlerin und die Art, wie sie ihn ausübt, gibt ihr höchstens etwas »realistisch Unideales«, nimmt dem Krieg aber nichts von seinem Verhängnischarakter. Er ist natürlich auch hier rein negativ, aber schließlich überlebt sie ihn, wenn auch verunstaltet. Demgegenüber behandelte die Weigel, eine Technik anwendend, die restlose Einfühlung verhinderte, den Beruf der Händlerin nicht als einen eben natürlichen, sondern als einen historischen, das heißt einer historischen und *vergänglichen* Epoche angehörend, und den Krieg als die beste Zeit für den Handel. Der Handel war auch hier eine selbstverständliche Erwerbsquelle, aber doch eine verschmutzte, aus der die Courage Tod trank. Die Händlerin-Mutter wurde ein großer lebender Widerspruch, und er war es, der sie verunstaltete und deformierte, bis zur Unkenntlichkeit. In der Szene auf dem Schlachtfeld, die bei üblicher Darstellung meist gestrichen wird, war sie wirklich die Hyäne; sie rückte mit den Hemden nur heraus, weil sie den Haß ihrer Tochter sah und überhaupt Gewaltanwendung fürchtete, und sie sprang den Soldaten mit dem Mantel fluchend an wie eine Tigerin. Nach der Verunstaltung der Tochter verdammte sie den Krieg mit ebenso tiefer Ehrlichkeit, als sie ihn in der unmittelbar folgenden Szene pries. So gestaltete sie die Gegensätze in aller Abruptheit und Unversöhnlichkeit. Der Aufstand ihrer Tochter gegen sie (bei der Rettung der Stadt Halle) betäubte sie völlig und belehrte sie keineswegs. Die dem Publikum tief fühlbare Tragik der Courage und ihres Lebens bestand darin, daß hier ein entsetzlicher Widerspruch bestand, der einen Menschen vernichtete, ein Widerspruch, der gelöst werden konnte, aber nur von der Gesellschaft selbst und in langen, schrecklichen Kämpfen. Und die sittliche Überlegenheit dieser Art der Darstellung bestand darin, daß der Mensch als zerstörbar gezeigt wurde, selbst der lebenskräftigste!

Paul Wiegler
Jubel um Brecht im Deutschen Theater

Was war Grimmelshausens Landstörtzerin, bevor Bert Brecht sie gänzlich neu schuf? Die »alte Schell« hat es mit Hunderten von Musketieren und Offizieren getrieben, im »Ehstand lediger Weis«, und mit Tabak und Branntwein gewuchert, Marketenderin und Erzbetrügerin. Im Bad Saurbrunnen braucht sie die »Holzkur«, die Schwitzkur, und hinterläßt dem Simplex ein übles Geschenk, indes sie langsam dahinwelkt wie eine Frühlingsblume. Brecht stellt sie um und gibt ihr mit dem Namen der Anna Fierling die Person der Mutter Courage, der unverwüstlich Wandernden. Sie ist das geduldige Tier an der Deichsel des Planwagens und das Weib, dessen Schicksal seine Kinder sind.

Zwei Söhne hat sie, Eilif und Schweizerkas, und ihre stumme Tochter, die blöde Kattrin. In dieser Zwölf-Bilder-Chronik aus dem Dreißigjährigen Krieg gehen ihr alle drei zugrunde. Allen dreien sagen die Lose mit dem Kreuz den gewaltsamen Tod an. Eilif, der Kühne, in Dalarne für ein schwedisch-finnisches Regiment gepreßt, begeht den Kunstfehler, daß er während einer Stunde Frieden marodiert und Bauern ausplündert wie im Krieg, und muß an den Galgen. Der Schweizerkas wird, weil er eine Kasse stiehlt, vom Einäugigen, dem Spitzel, verfolgt und von den Flinten eines Pelotons niedergeschossen. Die Kattrin alarmiert, ein Dach erkletternd, die schlafende Stadt Halle, die von Kaiserlichen bedroht wird, durch wilden Trommelwirbel und wird von einer Hakenbüchse heruntergeholt. »Mutter Courage und ihre Kinder«: sie begräbt das letzte.

Das ist ihre, der großen Schauspielerin Helene Weigel, einfache und aus dem epischen Beiwerk heraus gestaltete Tragödie. Der Planwagen ist das Symbol ihres Niedergangs. Zu Anfang ziehen ihn Eilif und Schweizerkas, froh singend. Wie bei Piscator im »Schwejk« unter Pallenbergs Sohlen läuft die Drehbühne unter ihren Füßen weg. Dann wechselt immer wieder die Bespannung. Dann bleibt Courage allein. Erschütterndstes Ende: wenn in Heinrich Kilgers Bild die Hinterbühne sich öffnet und Helene Weigel aus der Tiefe wieder nach vorn kommt, taumelnd, zusammenbrechend. Helene Weigels Antlitz, der wie in süddeutscher mittelalterlicher

Holzplastik modellierte Kopf, die Wangenpartien, die unheimlich vertieften Augen, wirft um.
Mutter Courage hat, wie der holländische Koch ihr schmeichelt, »Haar auf die Zähn«, drastischen Witz, überlegene Heiterkeit und Gelassenheit. Helene Weigel, die Wienerin, trifft von selbst alle sprachlichen Nuancen der Dichtung. Sie hat echteste Volkstümlichkeit, wenn sie in der Szene zu Ingolstadt, bei dem Trauerkondukt für Tilly, mit dem Feldprediger über den Krieg schwatzt, über Kaiser und Helden, über die armen Leut und die Courage, die sie zu beweisen haben und die ihnen das Leben kostet. Helene Weigel hat mehrere Nummern im Sprechgesang, bei dem musikalische Embleme von der Decke herabschweben. Sie ist die Meisterin einer Ballade von der Großen Kapitulation, vom Dasein und den Sentenzen derer, die mit der Zeit den Widerstand verlernen. Diesen harten, schmerzlichen Ton vergißt man nicht.
Bert Brechts Kriegspanorama bewegt sich in buntem Getümmel von Schweden nach Polen, nach Mähren, dem Fichtelgebirge, dem Elsaß, von 1624 bis in finsteres Elend der Nation. Bis zu halber Höhe reichen Vorhänge mit groß aufgemalten Inschriften, die, wenn das Spiel fortgeht, auseinanderrutschen. Oft gewinnt die bizarre Musik von Paul Dessau, der wie einst Kurt Weill Brechts phantasievoller Helfer ist, die Oberstimme. Ein kleiner Chor, verborgen oder in der Proszeniumsloge antretend, nimmt sie auf. Drei Dutzend Schauspieler und Schauspielerinnen. Unter ihnen zwei sich ergänzende Komiker, der Feldprediger von Werner Hinz, mit geklebter Gipsnase und närrischer Schlauheit auch in der Verbürgerlichung bei Courage und am Hackklotz, und der Koch von Paul Bildt, ein mildes Wrack von Don Juan im Bettlergewand, unter schwärzlichem Schneegewölk. Angelika Hurwicz gibt naturalistisch elementar die Kattrin, Kahler und der naive Teege sind die Söhne. Paul Esser, als Feldhauptmann, ein prahlerischer Holofernes in Miniatur. Zwei Szenen hat als blonde Soldatendirne Yvette die puppenhafte Renate Keith. Franz

Weber karikiert mit seiner Gabe für vertrackten Umriß ein greises Knickebein von Obristen. Einmal singt aus toter Landschaft ein Mädchen. Es ist der Sopran von Madlon Harder. Im zwölften der zwölf Bilder: Herwart Grosse als grausamer Fähnrich, Gerda Müller in der Episode einer klagenden Bäuerin.
Die Doppelregie von Erich Engel und Bert Brecht erobert dem Drama durch ihre in der Arbeit von Wochen errungene Sicherheit den Sieg. Helene Weigel, mag sie auch danach trachten, sich Huldigungen zu entziehen, und, einig beide in der Hingabe an große Kunst, Brecht werden im Massensturm gefeiert.

Käthe Rülicke
Einfühlung oder Kritik?

Eine Anmerkung zu »Mutter Courage und ihre Kinder«

Welchen Wert Brecht der Schlußszene von »Mutter Courage und ihre Kinder« zumaß, ist bekannt. Ihre Interpretation entscheidet über die Wirkung des Stückes auf den Zuschauer. Da die Uraufführung in Zürich, wie Brecht schrieb, »der bürgerlichen Presse ermöglichte, von einer Niobetragödie und von der erschütternden Lebenskraft des Muttertieres zu sprechen«, änderte er für die Berliner Aufführung einige Textstellen. Nicht die »Lebenskraft«, sondern die Unbelehrbarkeit soll gezeigt werden. Ihm kam es, wie er schrieb, nicht darauf an, daß die Courage aus den sie betreffenden Katastrophen lernt, wohl aber der Zuschauer.
Brechts Courage lebt vom Widerspruch zwischen Mutter und Händlerin. Die eine kann nur leben auf Kosten der anderen. Brechts Anmerkungen zu dieser Szene sind unnachgiebig, im Ton manchmal ungeduldig, durch die Jahre konsequent.

Bekanntlich schrieb Brecht das Stück als Warnung vor dem heraufziehenden Krieg. Damals war die Unfähigkeit der Courage, aus dem Krieg zu lernen, eine Voraussage. Bei der Aufführung in Berlin, 1949, war die Warnung des Stückes von 30 Millionen Toten und zahllosen zerstörten Städten schrecklich bestätigt worden. 1953 schrieb Brecht zu einer finnischen Aufführung des Stückes: »Schrecklicherweise ist die Warnung des Stückes heute nicht überholt, denn nur der spezielle Krieg, vor dem es einst warnte, ist vorbei. Aber neue scheinen heraufzuziehen.« Und auch fünfundzwanzig Jahre nach Entstehung des Stückes hat es – leider – seine Aktualität behalten.

Brecht schuf mit der Courage eine Gestalt, die das Wesen der Klassengesellschaft in vollkommener Weise demonstriert: das Individuum steht in unversöhnlichem Gegensatz zur Gesellschaft, seine Interessen und die der Gesellschaft sind unvereinbar. Die Courage ist mit den Verhältnissen einverstanden, sie ist bereit mitzumachen, sie will das Beste aus ihnen herausholen. Aber eben diese Bereitwilligkeit, ihre Tüchtigkeit, ihre Fähigkeit, sich anzupassen, richten sie und ihre Kinder zugrunde.

Die logische Konsequenz also: Das Mitmachen ist kritikbedürftig, zu verurteilen das Einverständnis, als zerstörend zu zeigen die Tüchtigkeit, die auf Kosten der Mütterlichkeit erkauft ist.

Die Art, wie die Fabel des Stückes erzählt wird, erweist sich als zuerst gesellschaftliches, sekundär als künstlerisches Anliegen. Sie drückt ein Verhältnis zur Gesellschaft aus und zeigt Ansichten und Kenntnisse über sie.

Brechts Ansicht, daß sich die heutigen Menschen für Zustände interessieren, denen gegenüber sie etwas tun können, bedeutet – sie etwas tun zu lassen. Die Bühne darf ihnen die Entscheidung nicht abnehmen. Nicht, indem sie Moral lehrt, sollte sie eine »moralische Anstalt« sein, sondern indem sie diese provoziert, das Denken der Zuschauer aktiviert.

Die vielen Varianten der Interpretation sind auf zwei grundsätzliche zurückzuführen: auf Verteidigung oder Kritik der Courage.
Das Modell der Weigel ist selbstverständlich kritisch. Obwohl Courage, die auszog, um am Krieg ihren Schnitt zu machen, alles verloren hat, auch ihre Kinder, hat sie nichts aus den Ereignissen gelernt. Sie bleibt unbelehrbar. Stumpf geworden und kraftlos, allein geblieben mit ihrem heruntergekommenen Wagen, zieht sie mechanisch den Heeren nach, durch die Kriege und Länder: »Ich muß wieder in'n Handel kommen.«
Indem die Weigel die Courage kritisiert und sie auch der Kritik des Zuschauers preisgibt, wird dieser in Widerspruch zu ihr gebracht. Er wird den Vorgängen gegenübergesetzt, gegen die er protestieren soll, er wählt seinen Standpunkt – wie der Autor – außerhalb der Handlung. Die Distanz verschafft ihm mit der Freiheit des Urteils die Handlungsfreiheit.
Die zweite – grundsätzliche – Interpretation verteidigt die Courage, indem sich die Schauspielerin in sie einfühlt und damit den Zuschauer veranlaßt, sich ebenfalls mit ihr zu identifizieren.
Die Empörung zuerst der Künstler über das falsche Verhalten der Courage ist verständlich, wie das Mitleiden über den Verlust der Kinder. Erfreulich der Wunsch, daß sie sich anders verhalten möge, aber zu unterdrücken, soweit es die Darstellung auf der Bühne betrifft. Wie die verschiedenen Aufführungen zeigen, wird bei einer Verteidigung der Courage nicht nur der Zuschauer irregeführt, sondern die Fabel des Stückes wird zerstört.

In W. liegt der Aufführung die Konzeption zugrunde, daß die Courage nicht schuld ist am Krieg – sie ist eines seiner Opfer und muß sich wehren.
In der Schlußszene wird eine erschöpfte Courage gezeigt, einsam, sie hat nichts als den heruntergekommenen Wagen. Aber noch hofft sie, daß der Sohn Eilif lebt (eine Hoffnung, die

von der Weigel als verblendet kritisiert wird), und sie will sich nicht unterkriegen lassen. Sie rafft ihre Kräfte zusammen und zieht weiter, dem Schicksal trotzend, auf dessen Änderung sie noch hofft. »Dieses große menschliche Tier bleibt bis zum Tode standhaft«, heißt es in einer Kritik, »in ihr steckt die unbändige Kraft eines Menschen, der alles erträgt.«
Das Publikum würdigte ihre Standhaftigkeit mit großem Beifall.

In P. ist die Szene ähnlich angelegt, effektvoll unterstrichen von der Beleuchtung. Die Bühne ist ganz dunkel, ein Punktscheinwerfer leuchtet nur die Courage heraus, die sich mit dem ganzen Körper und großen Gesten gleichsam gegen das Schicksal aufbäumt, das sie nicht untergekriegt hat und dem sie trotzt, indem sie weiterzieht.
Aber das Stück ist, wie Brecht sagt, keine Tragödie, in der die Courage von einem – unausweichlichen – Schicksal ereilt wird. Niemand hat sie zum Krieg gezwungen. Niemand braucht ihr Durchhalten, das den Tod der Kinder verschuldete. Sie brauchte nicht einzusteigen, und sie hätte aussteigen können, der Krieg stirbt ohne die Courages. Aber sie macht weiter, obwohl ihr der Krieg ein Kind nach dem andern nimmt. Ihre Hoffnung, durchzukommen, wird zur trügerischen Hoffnung auch des Zuschauers, der seine Fähigkeit, zu überleben, bestätigt findet.

In K. ist die Figur der Courage durchgehend auf Einfühlung angelegt, auf Identifizierung des Publikums mit ihr. Es lacht und weint mit der Courage, verdient und verliert mit ihr.
Da die Inszenierung beabsichtigte, daß das Publikum im Endeffekt gegen den Krieg sein sollte, erforderte die auf Identifizierung basierende Aufführung logisch eine Weiterführung der Fabel bis zur Erkenntnis der Courage, damit das Publikum mit ihr erkennen kann. Die Courage, sehend geworden durch den Tod ihrer Kinder, wird zur Heldenfigur. Über die

Arrangementskizzen von Caspar Neher für eine 1949 geplante Verfilmung von ›Mutter Courage und ihre Kinder‹

Stück-Fabel hinaus, und sie vernichtend, kommt sie zur Erkenntnis ihrer Lage: sie nimmt ihr Bündel aus dem Wagen, um den sie dreißig Jahre lang kämpfte, und verläßt, den Wagen verlassend, den Krieg. Aber dieser Ausgang der Geschichte entscheidet rückwirkend über den Ablauf der gesamten Fabel. Der Verlust der Kinder, von ihr verschuldet und eine Anklage, wird angesichts der geläuterten Courage tragisch. Wird nicht gezeigt, daß sie sich von Anfang an ihrer Lage bewußt ist und am Krieg verdienen will, die Verluste riskierend, erscheint durch die späte Erkenntnis das damit vorher unbewußte Verhalten gerechtfertigt: sie konnte nicht anders handeln. Brechts Courage aber erkennt »das merkantile Wesen des Kriegs: das ist gerade, was sie anzieht. Sie glaubt an den Krieg bis zuletzt«.

Es erschien Brecht erstaunlich, daß es vielen Nachkriegszuschauern schwerfällt, die Courage als *die Händlerin* zu erkennen. Sie sehen in ihr *den Menschen*, und da sie sich dann mit ihr identifizieren können, meinen sie: »Sie kann nichts gegen den Krieg machen, wir alle können nichts gegen den Krieg machen. Das Schicksal ist eben so: der eine kommt durch, dem andern nimmt er alles«. Diesen Wunsch, sich mit der Courage zu identifizieren, empfand Brecht als vollkommene Kleinbürgerlichkeit, Folge einer Gesellschaftsordnung, in der die »natürliche« Lebensweise die Produktion und der Verkauf von Waren ist, in der die Kriege zum Wirtschaftssystem gehören, keine Absonderlichkeiten sind, sondern »Fortsetzung der Geschäfte mit anderen Mitteln«. Das Merkantile gehört da zum Wesen des Menschen. *Die Händlerin ist der Mensch.*

Es kam Brecht aber nicht darauf an, die Menschen allgemein gegen den Krieg aufzurufen, den er als eine Summe von geschäftlichen Unternehmungen, als die Verquickung von Krieg und Geschäft zeigt.

Konnte die Courage aus ihrem Krieg herausbleiben, so ist die Situation heute anders. Wenn der Krieg verhindert werden soll, genügt es nicht, *ihn* zum Ziel des Angriffs zu machen, sondern eine Gesellschaftsordnung, die Kriege zu ihren Lebensbedingungen zählt. Die Zustände, mit denen der Zuschauer konfrontiert wird – und in die er sich nicht einfühlen soll – müssen historisch konkret, veränderlich und damit gedanklich übertragbar sein – wie sonst sollen die Menschen »alles so begreifen, daß sie eingreifen können?«

Die falsche Lösung des dem Stück zugrunde liegenden Widerspruchs – falsch, weil individuell von der Courage gelöst, was heute nur noch von der Gesellschaft möglich ist – behindert die Übertragung des ungelösten Problems in unsere Zeit. Es geht nicht um die Schuld der Courage, die im Kleinen tut, was im Großen Gesetz ist, sondern um den Fehler einer Gesellschaftsordnung, die ihren Mitgliedern solches Leiden auferlegt, die »selbst den Lebenskräftigsten« zerstört.

Ob Courage »durchhält« oder ob sie »einsieht«: es erweist sich, daß die Konzeption nicht geändert werden kann, ohne die gesellschaftliche Wahrheit zu beschädigen: zu zeigen, daß »der Krieg, der eine Fortführung der Geschäfte mit anderen Mitteln ist, die menschlichen Tugenden tödlich macht, auch für ihre Besitzer. Daß für die Bekämpfung des Krieges kein Opfer zu groß ist«.

Aufsätze über »Mutter Courage und ihre Kinder«

Manfred Wekwerth / Peter Palitzsch
Über die Verfilmung von »Mutter Courage und ihre Kinder«

Brecht schrieb das Stück »Mutter Courage und ihre Kinder« am Vorabend des zweiten Weltkrieges. Es war als Warnung gedacht. Es wurde durch die Geschichte eine Voraussage. Der Wagen der Courage, die unbelehrbar den Spuren des Krieges folgt bis zu ihrem Untergang, rollte auf der Bühne des zerstörten Berlin. Inmitten der Trümmer, die es vermeiden helfen wollte, wurde das Stück eine Abrechnung mit der Vergangenheit. Und wieder war es die Geschichte, die das Stück zu einer neuen Warnung machte.

Der Gedanke, das große Anti-Kriegsstück mit den Mitteln des Films vielen Menschen zu vermitteln, ist naheliegend. Noch zu Lebzeiten Brechts wurden verschiedene Versuche unternommen. Die meisten scheiterten daran, daß die Direktheit, Kargheit, Einfachheit und Vielfältigkeit der Bühneninszenierung sich nicht in die Spielhandlung des Films auflösen ließ, der eigene Gesetze hat. Deshalb beschlossen Brecht und Mitarbeiter der DEFA, eine Dokumentarverfilmung nach der Aufführung des Berliner Ensembles herzustellen.

Ein einfacher Abklatsch der Bühneninszenierung zum Beispiel mit fester Kamera und einer Totalbildeinstellung von der Bühne aber würde dem Stück die Lebendigkeit genommen haben. Es wäre lediglich eine archivarische Konserve. Bei der Verfilmung der »Courage« wurde der Versuch unternommen, die Wirkungen, die von der Bühne ausgehen, durch Kamera,

Schnitt, Dekoration und Format zu unterstützen, eventuell zu vergrößern. So läßt Helene Weigel in verschiedenen Szenen des Stückes, wenn die Courage um ihren Sohn Schweizerkas feilscht, oder bei der Beerdigung der stummen Kattrin die Geldtasche zuschnappen, womit sie den Widerspruch Mutter – Händlerin deutlich macht. Hier ist – dramaturgisch richtig – die Großeinstellung angebracht, die im Spielfilm nur zu oft der Psychologie des Gesichts vorbehalten bleibt. Das Stück beginnt mit dem langen Weg des Wagens in den Krieg. Es verfolgt den Wagen. Es zeigt ihn prall von Waren, leerer, zerfetzt, wieder renoviert, je nach Stand und Gang der unseligen Geschäfte. Zum Schluß zeigt es die Courage, jetzt allein, und den Wagen als Wrack. Hier kann der Film erweitern. Wo im Theater der Vorhang zugeht, läßt er unaufhörlich und unermüdlich und unbelehrbar den Wagen rollen, dessen Anhängsel die Menschen werden, die ihn ziehen. Der Film setzt den Wagen in die großen Geschehnisse und Schrecken des Krieges und zeigt die Geschichte der Courage als eine von vielen. So wurde der Wagen konfrontiert mit Kupferstichen des Franzosen Jacques Callot, die im 17. Jahrhundert die großen Kriegsübel zeigten. Panorama und schließlich Leere, Ordnung und völlige Destruktion legten das Totalvisionsformat nahe. Der Wagen konnte am Ende in eine unübersehbare Weite verschwinden, so die Unbelehrbarkeit der Courage ins Unermeßliche steigernd. Die Schlachten innerhalb der Familie der Courage, die während der großen Schlachten geschlagen werden, legten dem Film nahe, sich wieder eines verschollenen Mittels zu besinnen, des Kasch. Aus einer Totalen kann durch Einengung des Formats das wesentliche Detail herausgelöst werden, ohne die Totale selbst aufzulösen.

Die Fotografie zeigt anfangs noch Idylle, später zerstört sie diese und verhärtet sich mit den Vorgängen. Die Kontraste verschwinden, Gesichter, Wagen, Waren verlumpen gleichermaßen. Die dokumentarische Härte der Schlußsteinstellung enthüllt die historische Chronik auch als Zeitstück. Unsere Schnittmeisterin weigerte sich zu schneiden, »daß man es gar nicht merkt«, sie faßte Schnitt wieder als Einschnitt auf und verlangte ihn als einschneidende dramaturgische Maßnahme.

Siegfried Unseld
Die Brechtsche Chronik des Krieges

1939: Brecht im Exil in Schweden. Der Stückeschreiber, der seit je im Kriege die verabscheuenswerteste Form menschlichen Verhaltens gesehen hatte (schon als Schüler des Augsburger Realgymnasiums hatte er das Aufsatzthema »Dulce et decorum est pro patria mori« unziemlich behandelt), reagierte auf den von ihm als drohend empfundenen Ausbruch des zweiten Weltkrieges auf seine Weise: er griff zurück in die Historie...

300 Jahre vorher hatte in Deutschland der grausamste aller Kriege gewütet. Die betrüblichste Erfahrung der Weltgeschichte, nämlich daß der Mensch aus den ihn treffenden Katastrophen nichts lerne, könnte man Brecht als Ausgangspunkt für seine »Chronik« unterstellen. Wie sehr unterscheidet sich sein Stück von den anderen Darstellungen des Dreißigjährigen Krieges, etwa der von Schiller oder von Grimmelshausen (dessen »Landstörtzerin Courasche« von 1670 Brecht zur Gestalt seiner Courage anregte). Bei Brecht ist von den geschichtlichen Machern des Krieges kaum die Rede, Wallenstein fehlt, Tilly und Gustav Adolf sind nur am Rande erwähnt. Brecht ist nicht so sehr am historischen Vorgang, am historischen Feld als vielmehr an den Bewegungskräften und menschlichen Verhaltensweisen interessiert, die dieses Feld verursacht, verändert oder nicht verändert haben. Seine Chronik (obschon in den Details historisch treu – Brecht hatte bei

kaum einem anderen Stück ein so umfassendes Quellenstudium betrieben) rekonstruiert nicht die Schlachtenfolge des Krieges, sondern entlarvt seinen Bewegungspunkt: der Bilderbogen menschlicher Situationen, die in ihrer vielfältig-nuancierten und doch naiven Konkretheit höchst lebendig wirken, enthüllt den Krieg, wie er ist, als die Fortführung der Geschäfte mit anderen Mitteln, und brandmarkt ihn, weil in ihm die Tugenden, die eben den Menschen zum Menschen machen, zu Ursachen der Vernichtung des einzelnen werden.

Indes ist Theater für Brecht weder politische Anstalt noch Arena reiner Überredung. Theater, so schrieb er, »benötigt keinen anderen Ausweis als den Spaß«. Das Moralische, die »kleine Pädagogik«, muß vergnüglich, sinnlich vergnüglich sein. Bewundernswert sind die Vergnügungen des Stücks: der *Humor*, der die Vorgänge so menschlich macht, die *Songs*, die (als Nachfahren der antiken Chöre) die dramatische Handlung mit episch-lyrischen Elementen verknüpfen und damit eine in hohem Maße poetische Spannung schaffen, vor allem aber die *Sprache:* ihre Einfachheit ist Siegel der Wahrheit, ihre zitierbare Sprichwörtlichkeit besitzt biblische Kraft; es ist die schlichte Schönheit dieser Sprache, die den Vorgang auf der Bühne in Distanz rückt, ihn fremd macht, damit der Zuschauer ihn kritisch betrachten kann; es ist die Sprache, die im Chaos Ordnung konstituiert und die bewirkt, daß eben durch seine dialektische Methode der Dichter Brecht über den Didaktiker Brecht triumphiert.

MUTTER COURAGE ...

Es gehört zur Anlage des Stücks, in dem beständig Position und Gegenposition wechseln, daß sich der Zuschauer den Vorgängen und Figuren nicht anvertrauen kann, er steht ihnen fragend und kritisierend gegenüber. Da jede erreichte Lösung immer wieder in ein neues Problem umschlägt, ist der Zuschauer gezwungen, sich seinen eigenen Vers zu machen. Das

gilt vor allem für die Courage. Die Gestalt der Marketenderin Anna Fierling aus Bamberg, die aufbrach, weil sie nicht warten konnte, bis der Krieg gefälligst nach Bamberg kam, ist mehrschichtig angelegt. Ihr Prinzip, man muß sich nach der Decke (des Geschäfts) strecken, läßt sie zwischen der Verfluchung des Krieges und seinem Lob als »schönste Einnahmequell« hin- und herschwanken; sie ist eine Hyäne des Kriegs und doch auch der Mensch, der sich Gefolterter und Entrechteter annimmt; sie ist die opferbereite Mutter, und doch sind ihr ewiges Feilschen, ihre Gewinnsucht und ihre Entschlossenheit zum Risiko mitschuldig am Tode ihrer Kinder. »Wer vom Krieg leben will, muß ihm auch was geben.«
Man hat Brecht den Vorwurf gemacht, die Unfähigkeit der Courage, aus den Erfahrungen des Krieges zu lernen, und ihre Ungewandeltheit nach all den Jahren und Jahrzehnten fördere den Fatalismus gegenüber dem Krieg. Aber dem Stückschreiber kam es nicht darauf an, »die Courage am Ende sehend zu machen – sie sieht einiges, gegen die Mitte des Stückes zu, am Ende der 6. Szene, und verliert dann die Sicht wieder –, ihm kommt es darauf an, daß der Zuschauer sieht«. Die Courage versteinert am Ende; der Vorwurf des Bauern, sie sei schuld am Tode ihrer Tochter, dringt nicht mehr in ihr Bewußtsein, sie versteht und fühlt nichts mehr, sie reagiert – so der Gestus der Unmenschlichkeit – nur noch auf Sätze, die mit Krieg oder Handel zusammenhängen; der Feind kommt, sie kann nicht bleiben, und so spannt sie sich allein vor ihren Karren und folgt dem abziehenden Regimente nach.

... UND IHRE KINDER

Spricht man vom Stück, spricht man von der »Mutter Courage«. Man übersieht oft, daß dadurch ein Aspekt des Stückes, vielleicht sogar sein eigentlicher, ungenannt bleibt. »Mutter Courage *und ihre Kinder*« lautet mit gutem Grund der volle

Titel, denn diese Kinder der Courage haben im Stück wichtige Funktionen. Sie sind mit schönen menschlichen Tugenden ausgerüstet, Eilif ist kühn, Schweizerkas ist redlich und gewissenhaft, und die stumme Kattrin hat ein gutes, mütterliches Herz. Wir erfahren dies schon eingangs. Doch zugleich setzt jener rhythmische Wechsel ein, der Brechts Stücke bestimmt, jener Prozeß der Widersprüche, wenn die Courage den Gegenakzent setzt: »Überhaupt, wenn es wo so große Tugenden gibt, das beweist, daß da etwas faul ist.« Doch anscheinend ist nichts faul. Die Kinder avancieren durch ihre Eigenschaften. Eilif kommt durch seine Kühnheit zum Ruhm, Schweizerkas durch seine Redlichkeit zum Posten eines Zahlmeisters, und auch Kattrin widerfährt Gutes. Doch dann wird aus der Position der Tugend die Gegenposition: im Kriege sind Tugenden tödlich. Das große Thema Brechts vom guten Menschen in heutiger Zeit, von der Notwendigkeit und der Schwierigkeit, gut zu sein, wird hier neu variiert. Schon in der »Dreigroschenoper« hieß es: »Wir wären gut – anstatt so roh / Doch die Verhältnisse, sie sind nicht so.« Der gute Mensch von Sezuan, Shen Te, braucht zur eigenen Verteidigung den harten Menschen Shui Ta. Simone wird nach ihrer guten Tat eingesperrt, die Grusche im »Kaukasischen Kreidekreis« gibt ihre Liebe verloren, um ein Kind am Leben zu erhalten – kann das Gute nur durch das Nicht-Gute erreicht werden? Brechts Chronik zeigt, daß im Kriege der gute Mensch an seinen guten Eigenschaften zugrunde geht, zugrunde gehen muß. Eilif wird hingerichtet, seine Kühnheit war in dem einzigen friedlichen Moment des Krieges Verbrechen. Schweizerkas wird liquidiert, als er aus Gewissenhaftigkeit seine Regimentskasse in Sicherheit bringen will. Kattrins Trommeln weckt eine schlafende Stadt, in der sich auch Kinder befinden, vor dem heimlich anpirschenden und Zerstörung planenden Feind; als sie auf dem Dach der Hütte erschossen wird, da antworten die Kanonen der Stadt, zeigend, man habe den Trommelruf vernommen – Tugenden sind tödlich im Krieg; man darf sie nicht haben, will man überleben (die »Beneidenswerten«, die frei von Tugend sind, der Koch, die Lagerhure, der Feldprediger, sind dann auch die Überlebenden im Stück).

Aber auch diese »kleine Pädagogik« (und darauf sei als Beispiel für die moralische Stimmigkeit der Brechtschen Stücke hingewiesen) wird höchst vergnüglich dargeboten. Der Koch singt das »Lied von den Anfechtungen der großen Geister« mit dem Refrain »Beneidenswert, wer frei davon!«. Die Anfechtungen sind die Tugenden, und siehe da, die Tugenden, Cäsars Kühnheit und Sokrates' Redlichkeit, haben ihren Besitzern wenig geholfen (die Beziehungen zu den Tugenden der Söhne der Courage sind offenkundig. Nun hat aber ausgerechnet der Koch den geringsten Grund, sich über die Tugenden anderer Leute lustig zu machen. Und wiederum muß sich im Prozeß der Widersprüche das kritische Bewußtsein des Zuschauers mitwirkend einsetzen. Er, der Zuschauer, weiß, daß gerade der Koch kein Ausbund an Tugend ist, er sieht dann auch, daß sich die Courage unmittelbar nachher von ihm trennt und dann ein großes moralisches Beispiel gibt, indem sie zugunsten ihres Kindes auf eine nur ihr angebotene Bleibe verzichtet, indem sie also eine dieser angezweifelten Tugenden ausübt und lebt.

Man darf mit Fug sagen, die Chronik »Mutter Courage und ihre Kinder« mache den Zuschauer kritisch. Es bleibt zu hoffen, daß Kattrins Trommelschläge nicht ungehört verhallen, ja, daß die Trommel immer neu geschlagen werde, wenn Gefahr im Anzuge ist.

Franz Norbert Mennemeier
Die Courage der armen Leute

Am Symbol des Planwagens macht das Stück die dem Sein eingepflanzte, trotz aller Aktivität nicht zu bezwingende Tendenz zum Untergang anschaulich. Sämtliche Szenen hindurch ist Courages Planwagen zu sehen, den fragwürdigen Wohlstand seiner Besitzerin und ihr ruheloses, im irren Kreislauf der Geschäfte zwangsläufig sich erschöpfendes Leben widerspiegelnd. Am Schluß rollt er als zerfetzter, ruinöser Karren über die Bühne, mit der Courage als einsamem Zugtier davor: Kein Unterschied ist mehr zwischen dem Mittel und dem Zweck der Existenz – eine aussichtslose Position.

Vor diesem Hintergrund entfällt die Möglichkeit, die die Szene des Stücks beherrschenden »armen Leut« soziologisch zu interpretieren, ganz abgesehen von der Tatsache, daß die Courage keine »Proletarierin«, sondern eine – vorübergehend sogar reiche – Geschäftsfrau ist. In einer von Pest, Hunger und Tod bedrohten Welt sind auch die reichen Leute arme Leute, ob sie es wissen oder nicht. Brecht gestaltet die Auswirkung der Katastrophe im Elend der kleinen Leute nicht nur, um einen von der Geschichtsschreibung meist vergessenen Bereich der Universalhistorie der Gerechtigkeit halber einmal ins Licht zu heben, sondern um das eigentliche Wesen der »großen« Geschichte kritisch zu enthüllen. Große Geschichte, die sich ihre Zwecke über die kleine Geschichte des Menschen hinaus errechnet, ist der Darstellung des Stücks zufolge pervertierte Geschichte. Wenn der Feldprediger anläßlich der Beerdigung des Feldhauptmannes Tilly von dem »historischen Augenblick« des Ereignisses spricht, antwortet die Courage: »Mir ist ein historischer Augenblick, daß sie meiner Tochter übers Aug geschlagen haben.« Zu Anfang derselben Szene ist der Bericht von dem »Heldentod« Tillys ironisch in das gewöhnliche, betuliche Geschwätz der Inventur machenden

Courage einmontiert. Ebenso wie der Koch, dessen abfällige Kommentare zur großen Politik eine Art Sprachrohr der materialistischen Geschichtsphilosophie Bert Brechts sind, äußert die Courage wiederholt ihre Verachtung gegenüber den »Großkopfigen« und ihren von Ideologien verbrämten martialischen Absichten: »Wenn man die Großkopfigen reden hört, führens die Krieg nur aus Gottesfurcht und für alles, was gut und schön ist. Aber wenn man genauer hinsieht, sinds nicht so blöd, sondern führn die Krieg für Gewinn. Und anders würden die kleinen Leut wie ich auch nicht mitmachen.« An anderer Stelle ergeht sich die Courage über den ausbeuterischen Charakter der öffentlichen Moralbegriffe: »Überhaupt, wenn es wo so große Tugenden gibt, das beweist, daß etwas faul ist ... In einem guten Land brauchts keine Tugenden, alle können ganz gewöhnlich sein, mittelgescheit und meinetwegen Feiglinge.« Wie die zitierten Sätze zeigen, ist Courages Abneigung gegen die Großen allerdings mit Sympathie gemischt. Eine mehr oder minder heimliche Übereinstimmung besteht zwischen den großen und den kleinen Leuten: die Geschäfte. »Geschäft« ist in Brechts Stück Ausdruck für den korrumpierten Zustand der (gegenwärtigen) Geschichte und für das »Mitmachen« des Menschen, wobei sogleich hinzuzusetzen ist, daß das Mitmachen das Vorzeichen der Selbstverteidigung und der elementaren Existenzbewältigung hat und nicht der sittlichen Schuld. Das Mitmachen ist die eigentliche »Courage« der Courage. In ihr wurzelt der »entsetzliche Widerspruch« der packendsten, vielschichtigsten Frauengestalt Bert Brechts. Wenn der Dichter in der 1957 neu veröffentlichten Ausgabe den Schluß des Textes abgeändert hat und die Courage, die eben ihr drittes Kind verloren hat und bettelarm geworden ist, nunmehr als letztes sagen läßt: »Ich muß wieder in'n Handel kommen«, so ist das konsequent im Sinn des Stücks, und es hat den Hauch der wahren Tragödie – mag man im übrigen den Satz marxistisch oder anders deuten.

Courage kann sich aus dem Krieg, der sie zerstört, nicht heraushalten. Meist ist sie blind für den Widerspruch ihrer Lage; sie ist ihr angepaßt. Im Angepaßtsein, in dem von keiner fremden, »höheren« Ideologie gehemmten Konformismus wurzelt die Stärke der Courage. Wenn der Feldprediger in der achten Szene, als für kurze Zeit der Friede »ausgebrochen« ist, die den drohenden Ruin bejammernde Courage zornig eine »Hyäne des Schlachtfelds« nennt, klingt das unecht und pathetisch. Denn im Gegensatz zu dem Gottesmann, der nicht angepaßt, wohl aber kompromittiert ist, der am »Geschäft« zu schmarotzen und sich gleichzeitig rhetorisch davon abzusetzen sucht, hat die Courage, wenn auch nicht die Gefahr, so doch die Unausweichlichkeit des Handels und die im Merkantilen begründete Identität von Krieg und Frieden erkannt. Für die Courage gibt es keinen Unterschied zwischen Geschäft (= Krieg) und Ideologie; das Geschäft ist ihre Ideologie: »Ich laß mir den Krieg von euch nicht madig machen. Es heißt, er vertilgt die Schwachen, aber die sind auch hin im Frieden. Nur, der Krieg nährt seine Leut besser.« Nur einmal sieht die Courage tiefer. Da begreift sie, daß der Unterhalt ihres Lebens gleichzeitig dessen Vernichtung ist, und die schreckliche Erkenntnis schafft sich im Aufschrei Luft: »Der Krieg soll verflucht sein.« Jene Verteidigung des Kriegs aber folgt gleichsam als Widerruf unmittelbar auf dieses Verdammungsurteil: Die Courage kann nur existieren, wenn sie den an die Wurzel gehenden Widerspruch »verdrängt«, wenn sie alle Kräfte, auch die intellektuellen und moralischen, zum »Geschäft« zusammenrafft. Den wirtschaftlichen Bankrott und den Untergang ihrer Existenz ständig vor Augen, ist sie entschlossen, sich und ihre Kinder mittels des Handels durch den Krieg zu bringen. Mitmachen und sich heraushalten, lautet die widerspruchsvolle, aus dem Widersinn der Lage geborene Devise der Courage. Daß der fast schon legendäre Mut, dem sie ihren Namen verdankt, nichts mit idealistischen, moralischen Antrieben oder auch nur mit einer besonders kühnen persön-

lichen Veranlagung zu tun hat, vielmehr einzig mit dem Zwang der Verhältnisse zum Geschäft, geht drastisch aus der Antwort hervor, die sie dem Feldwebel erteilt: »Courage heiß ich, weil ich den Ruin gefürchtet hab, Feldwebel, und bin durch das Geschützfeuer von Riga gefahren mit fünfzig Brotlaib im Wagen. Sie waren schon angeschimmelt, es war höchste Zeit, ich hab keine Wahl gehabt.«
Die von Brecht scharf herausgearbeitete realistische Härte der Courage, ihr ins Kommerzielle umgeschlagener, in unermüdlichem Feilschen und Rechnen sich äußernder Heroismus der Tat erweist seine tragische Widersprüchlichkeit am nachdrücklichsten dort, wo das »Menschliche« ins Spiel kommt. Da wird klar, daß die »Courage«, die letzte, »harte« Tugend der energischen Marketenderin, im Grunde nichts anderes ist als die Form, in der sich das Bewußtsein von der Vergeblichkeit *aller* Tugenden vor sich selbst verbirgt. Die hochdramatische Szene, in der Courage ihren redlichen Sohn Schweizerkas verliert, bringt den menschlichen Konflikt zugespitzt als geschäftlichen Konflikt. Trotz der auf des Messers Schneide gestellten Situation beginnt Courage in demselben Augenblick zu handeln, in dem sie erfährt, daß die Schatulle mit dem Sold verloren ist. Es ist durchaus eine Schreckensnachricht; sie bedeutet, daß Courage ihren an die Lagerhure Yvette zu verpachtenden Wagen nicht zurückkaufen kann. Die Szene wirkt auf den ersten Blick brutal und unmenschlich. Schweizerkas stirbt buchstäblich an der »Handelsspanne«, um die gefeilscht wird. Dennoch: Courage handelt nicht um des Handelns willen. Brecht hat die Situation als echtes Dilemma gedichtet. Die Courage ist »verzweifelt«, wie es in der szenischen Anmerkung heißt. Sie reagiert ganz als »Händlerin-Mutter«, das heißt: nicht als sentimentales Abstraktum, sondern als gesellschaftlich-konkrete Existenz, wenn sie, den ersten menschlichen Impuls in sich erstickend, das Hinterher bedenkt: das Schicksal der hilflosen stummen Kattrin, ein Leben ohne den Wagen, ein Leben ohne die Möglichkeit zu leben. Nicht als ob sie den

Tod ihres Sohnes als Risiko in den fürchterlichen Handel vorweg mit eingerechnet hätte; als die Bestechlichkeit der Schergen sich als unbestechlich erweist, ist Courage bereit, die ganze Summe zu zahlen. Es ist ein einziger Augenblick des Überlegens, der sie den Sohn kostet, genau jene vorsorgende, umsichtig reflektierende »Tugend«, jene »Courage«, die allein es ihr bislang ermöglicht hat, ihre und ihrer Kinder Existenz durch den unmenschlichen Krieg zu fristen.

»Die kleinen Leute brauchen Courage. Warum, sie sind verloren.« Das Scheitern aller »Tugenden« zieht sich als dunkle Grundmelodie durch die Szenen des Stücks. Ihre tüchtigen Kinder werden der Courage eins nach dem andern genommen. Eilif, ihren kühnen, auf das Soldatenleben erpichten Sohn, verliert sie an die Werber, als ihre Aufmerksamkeit infolge eines kleinen Handels abgelenkt ist (wieder gestaltet Brecht die unselige Verquickung menschlicher und geschäftlicher Realitäten). Eilif wird, in einem Moment trügerischen Friedens, hingerichtet für eine Tat, für die er früher belohnt worden wäre: ein blutiges Opfer der doppelten Moral dieser Welt. Eilifs großer Augenblick ist die Szene, in der er vom Feldhauptmann ausgezeichnet wird und den Säbeltanz vorführt. Im »Lied vom Weib und dem Soldaten« hat Brecht das zwischen Ruhm und Tod gespannte kurze Leben des Kriegers hinreißend gedichtet. Courages kühner Sohn singt sein eigenes Ende, das so rasch kommt. Wie »Rauch« ist er vergangen; niemanden haben seine Taten gewärmt.

Auch die stumme Kattrin wird vom Krieg verschlungen, ebenfalls in einem Augenblick, als sich die Mutter geschäftehalber entfernt hat. Kattrins Stummheit, Symbol der unterdrückten, gepeinigten Kreatur, klagt den unmenschlichen Zustand der Welt laut an. Das Mädchen, das ein tierhafter Drang zu Liebe und Mutterschaft beherrscht, das am Mitleid leidet, darf auf keinen Fall als Idiotin gespielt werden. Kattrin ist durchaus normal. Unnormal ist die Welt, die sie schrecklich entstellt hat. Wegen ihrer »Freundlichkeit« muß Kattrin – was für ein

Sinnbild! – ständig bewacht werden. Allein der abgebrühten Lebenskunst der Mutter verdankt sie es, daß sie inmitten des Kriegs und der Geschäfte existiert und sogar 25 Jahre alt geworden ist. Kattrin ist nur-menschlich und absolut un-»tüchtig«; sie befindet sich deshalb in dauernder Lebensgefahr. Wenn Kattrin in einer der dramatischen Szenen des Stücks auf das Dach der Bauersleute klettert und, ihr Leben für fremde Kinder daransetzend, die schlafende Stadt Halle wachtrommelt, ist das kein Akt der »Courage«, kein Einsatz von der Art, die zu Geschäften und Fristung des Daseins befähigt, keine irgendwie politisch oder weltanschaulich begründete Handlung, sondern das genaue Gegenteil von all dem: spontane, unreflektierte, sozusagen biologische Menschlichkeit, die sich jenseits aller Heldenklischees wie eine Geburt erfüllt: »unter Stöhnen und verstört«, wie die szenische Anmerkung lautet. Von doppelter Angst gepeinigt, der um ihr Leben und der um den Wagen, trommelt sich Kattrin, »jämmerliche Laute« ausstoßend, weinend in den Tod: ein unschuldiges Opfer ihrer Freundlichkeit. Nicht ungestraft verstößt der Mensch gegen die Bedingungen der Großen Kapitulation.
Brecht hat die Aktion der guten Kattrin mit dem Gebet der Bauersleute kontrastiert. Während sich Kattrin, getrieben von ihrer mitleidigen Natur, in die Schanze schlägt, bedenken die Bauern klaren Kopfes die für sie tödlichen Wirkungen eines Einsatzes und flüchten, die eigene Haut rettend, ins Gebet. »Wir können nix machen.« Vernünftiger Wille zur Selbsterhaltung und der Wunsch, daß dennoch von irgendwoher Hilfe kommen möge, schießen im Gebet mit rührender Mechanik zusammen. Als urplötzlich Hilfe »kommt«, schlägt die fromme Ergebung jäh in einen angstvoll-wilden, triebhaft-egozentrischen Angriff gegen die kleine Stumme um. Die rasch parate Gebetspraxis dieser »armen« Leute hat Brecht, darin echter Marxist, in logische Verbindung mit dem lebenstüchtigen, »couragierten« Konformismus gebracht, dem die Courage huldigt, um im ungestörten Genuß ihrer Geschäfte zu

bleiben. Hartgesottener Mut zur Realität und ideologische Flucht aus der Realität entsprechen einander; beide sind Formen der Großen Kapitulation.

Hans Mayer
Anmerkung zu einer Szene aus ›Mutter Courage‹

Dem Stückeschreiber obliegt es nicht, die Courage am Ende sehend zu machen ... ihm kommt es darauf an, daß der Zuschauer sieht. *Brecht*

Bei der Zusammenarbeit mit Studenten der neueren deutschen Literaturgeschichte konnte folgende Erfahrung gemacht werden: Bei der Vorbereitung einer seminaristischen Übung war ihnen mitgeteilt worden, es würden dabei auch die »Kalendergeschichten« von Bertolt Brecht behandelt werden; es sei also zweckmäßig, sie vorher zu lesen. Bei der nächsten Zusammenkunft wurde nun gefordert, den Inhalt des Gedichts »Der Schneider von Ulm« aus dem Stegreif nachzuerzählen. Die Bücher waren zugeklappt. Die Teilnehmer erzählten die Geschichte des Schneiders von Ulm: seine Mitteilung an den Bischof, die Ankündigung des beabsichtigten Flugs, die Gleichgültigkeit des Bischofs, den Bericht der Augenzeugen über das gescheiterte Experiment und die abschließende Deutung des Bischofs. Worauf die Studenten fortfuhren: die Voraussage des Schneiders von Ulm sei aber erfüllt worden; die Menschen könnten jetzt fliegen; und es sei die Voraussage des Bischofs und nicht des Schneiders von Ulm durch die Tatsachen widerlegt.
Große Verwunderung und Heiterkeit entstand nun, als die Studenten sehen mußten, daß diese »dritte Strophe«, die sie soeben erzählt hatten, gar nicht vorhanden ist, sondern als selbständiges Erzeugnis des Lesers angesprochen werden muß.

Daran knüpfte sich eine Unterhaltung über Brechts Absicht bei der Abfassung dieser poetischen »Kalendergeschichten«. Hätte der Lyriker nach Vollständigkeit der Belehrung gestrebt, so wäre es ihm wohl kaum beigefallen, auf die »Nutzanwendung« einer solchen dritten Strophe zu verzichten. Man war sich aber in der gemeinsamen Aussprache darüber klar, daß dann der Leser unterschätzt würde: es würde ihm alles mundgerecht gemacht, während sich seine eigene kritische Stellungnahme nicht entfalten könnte. Der Auftrag des Dichters an den Leser gehe dann einfach dahin, möglichst vollständig und genau den vorgetragenen Text und Sachverhalt entgegenzunehmen und sich einzuprägen.
In dem Gedicht von Brecht endet der Bericht scheinbar mit dem Triumph des Bischofs. Die kirchliche Anthropologie hat gesiegt, der Schneider liegt zerschellt, die Bibel hat es vorausgesagt, denn der Mensch ist kein Vogel. Die Glocken werden geläutet, und der Bischof geht mitsamt den Ulmern aus dem Jahre 1592 zur Tagesordnung über.
Tatsächlich aber kennen wir heute die verschiedensten Arten des Flugwesens: vom Segelflieger bis zum viermotorigen Flugzeug. Der Bischof ist also widerlegt, nicht der Schneider. Die scheinbare Narrheit von gestern erwies sich als große heroische Vorwegnahme. Der tote Schneider wird zur geschichtlichen Persönlichkeit, während der Bischof in die Rolle des Narren gedrängt wird, den man in der Nachwelt belächelt. (Es sei daran erinnert, daß wesentliche Szenen in Bertolt Brechts »Leben des Galilei« auf der gleichen Problemstellung aufgebaut sind.)
Dabei wird durch das Gedicht ganz ausdrücklich eine kritische Kommentierung der erzählten Vorgänge vom Leser gefordert. Die fehlende dritte Strophe muß von ihm, nicht vom Dichter, nachgeliefert werden. Die Studenten hatten sie sozusagen »unwillkürlich« nachgedichtet. Im Sinne des Dichters war damit offenbar der Beweis für die Richtigkeit dieser poetischen Technik erbracht. Das weitere Gespräch versuchte

dann aus diesen Erfahrungen einige Einsicht in Rolle und Funktion der »Kalendergeschichten« zu gewinnen. Es wurde festgestellt, daß auch diese Lyrik den gleichen Aufgaben der Bewußtseinsentwicklung diene wie Bertolt Brechts Schauspiele.

Immer wieder wurde gegen Brecht der Einwand erhoben, die sogenannten »Songs« bildeten einen Fremdkörper im Aufbau seiner Stücke: sie seien unnötig, mit der Handlung kaum organisch verknüpft und für das Verständnis des eigentlichen dramatischen Geschehens sogar eher hinderlich. Es soll nun versucht werden, an einer einzelnen Szene aus »Mutter Courage und ihre Kinder« diese Verbindung von gedichteter Aussage und dramatischer Handlung darzustellen. Es mag sich dann zeigen, daß auch hier in der Bewußtseinsentwicklung, im Appell an eine sorgfältige Nachdenklichkeit des Zuschauers, die besondere Aufgabe dieser Dramatik erblickt wird. Auch hier wird darauf hingearbeitet, den Zuschauer – ganz wie im Gedicht über den Schneider von Ulm – gleichsam die »dritte Strophe« selbständig dichten zu lassen.

Es handelt sich um die neunte Szene in der »Mutter Courage«. Die Marketenderin Anna Fierling ist im Jahre 1634 mit dem Koch und der stummen Kattrin im Fichtelgebirge gelandet. Sie müssen vor einem halbzerfallenen Pfarrhaus betteln, um vielleicht eine warme Suppe zu erhalten. Der Koch hat aus Utrecht erfahren, daß er eine kleine Gastwirtschaft geerbt hat. Die Courage soll mit ihm ziehen, aber ihre stumme und entstellte Tochter zurücklassen: der Ertrag aus der Schenke reicht nur für zwei Personen, außerdem wollen die Gäste nicht immer ein verkrüppeltes Geschöpf vor Augen haben. Mutter Courage will sich nicht von der Tochter trennen. Während sie vor dem Pfarrhaus singen und betteln, entscheidet sich die Mutter für Ablehnung des Angebots. Sie bleibt zusammen mit der Kattrin und gibt dem Koch den Abschied. Das ist das dramatische Geschehen in dieser Szene. Mitten hineingestellt ist nun der »Salomon-Song«. Der Koch singt ihn, um im

Pfarrhaus auf sich und seine Bettlergefährten aufmerksam zu machen. Von außen her gesehen ist die dramatische Funktion scheinbar darauf beschränkt, durch das Lied an das Mitleid der Hausbewohner zu appellieren. Die letzte Strophe soll der pfarrherrlichen Familie, die noch zu essen hat, klarmachen, hier ständen gottesfürchtige Leute als Bettler, denen es keineswegs einfallen könnte, durch die geöffnete Tür einzubrechen, um zu plündern. Eine notdürftige Verbindung von Handlung und Song wäre also hergestellt, aber sie wäre offenbar dürftig: jedes andere Bettellied hätte scheinbar der gleichen Absicht des Dramatikers dienen können, man hätte nicht fünf sorgfältige Strophen mit stets wechselnden geschichtlichen Beispielen und stets gleichem Refrain dafür aufbieten müssen ...
Was soll also der »Salomon-Song« gerade an dieser Stelle? Wir kennen ihn bereits aus der »Dreigroschenoper«. Hier steht er im dritten Akt, in der siebenten Szene. Peachum hat durch Drohung beim Polizeichef Brown erreicht, daß Mackie Messer nun wirklich verhaftet wird. Die Hure Jenny gibt bereitwillig seinen Aufenthalt bekannt. Die Polizisten gehen fort, um ihn festzunehmen. Die Festnahme selbst wird nicht geschildert; wir begegnen Mackie erst wieder im Gefängnis. Inzwischen tritt Jenny vor den Vorhang und singt zur Melodie des Leierkastens den »Salomon-Song«. Er beginnt mit Anrufung des weisen Judenkönigs, der alles als Eitelkeit erkannte. Die Weisheit habe ihm zu dieser Erkenntnis verholfen. Auch die Geschichte Julius Cäsars erfahren wir bereits in der »Dreigroschenoper« zum gleichen Text, den auch der Koch unter Assistenz der Mutter Courage vorträgt. Cäsars Kühnheit wurde angeblich zur Ursache von Cäsars Sturz. Wohl denen, die nicht kühn sind wie Cäsar! Von der Königin Kleopatra weiß die Jenny der »Dreigroschenoper« noch zu berichten, die an ihrer Schönheit zugrunde ging. Wohl denen, die nicht schön sind! Die Nutzanwendung folgt schließlich für Herrn Mackie Messer, der jetzt als Opfer seiner Sinnlichkeit ins Gefängnis wandern müsse. Wohl denen, die auch davon frei

seien! In der »Dreigroschenoper« ist in der Tat der »Salomon-Song« noch nicht eng genug mit der eigentlichen Handlung verknüpft. Es ist zwar kein Zufall, daß gerade Jenny die geschichtlichen Beispiele bringt, um vor starken Gefühlen und überhaupt davor zu warnen, »aus dem Rahmen zu fallen«. Sie möchte schon gut sein, anständig, auch treu, aber offenbar erlauben es ihr die »Verhältnisse« nicht. Die letzte Strophe aber vom Herrn Macheath, dem betrachtenswerten Opfer seiner Sinnlichkeit, rückt die genaue dramaturgische Rolle dieses Songs gerade dort nicht genügend hervor. Übrigens widerspricht dieser Hinweis auf Mackie der Forderung Brechts, wonach Mackie als »bürgerliche Erscheinung« darzustellen sei, dessen Besuche bei den Huren den Charakter bürgerlicher Lebensgewohnheiten aufweisen. Auch fordert Brecht bekanntlich, daß Mackie als etwa vierzigjähriger und keineswegs besonders »schöner« Mann dargestellt werde. Bekanntlich ist diese Anlage der Gestalt später wesentlich stärker und wesentlich umfassender im »Dreigroschenroman« herausgearbeitet worden. Zwischen der Fassung des »Salomon-Songs« in der »Dreigroschenoper« und seiner genauen dramaturgischen Funktion finden sich also noch einige Widersprüche.

Ganz anders aber steht es mit dem »Salomon-Song« in der neunten Szene von »Mutter Courage«. Auch der Koch stimmt sein Bibellied auf den Ton, daß man als kleiner Leute Kind sich nicht hervortun solle. Schlecht bekam dem Salomon seine Weisheit, dem Cäsar seine Kühnheit, dem Sokrates seine Redlichkeit, dem heiligen Martin seine Selbstlosigkeit. Schlecht bekam es den armen Leuten, daß sie in Gottesfurcht die Zehn Gebote hielten. Nun müssen sie dafür betteln gehen! Der Koch singt allein; nur plärrend, ohne eigene Anteilnahme, fällt Mutter Courage gelegentlich ein, ihre Gedanken weilen bei der Tochter und dem Entschluß, das Angebot des Kochs abzulehnen.

Erste unmittelbare Verbindung des Songs mit der szenischen Situation: wer sich mit moralisch wertvollen Eigenschaften und Handlungen hervortut, kommt unter die Räder. Aber ist der Koch wirklich berechtigt, seine Moralität als Ursache seines Elends geltend zu machen? Besondere moralische Vorzüge haben wir an ihm nicht kennengelernt: man braucht nur die Flüche der Yvette im Gedächtnis zu haben. Außerdem hat der Koch eben noch im Vorschlag an die Courage, sie solle einfach die Tochter hilflos im Stiche lassen, alles andere als besondere Seelengröße entwickelt. Hört man ihn also die Anklage richten gegen die hohen Tugenden, so wirkt er selbst nicht gerade überzeugend. Auch war es nicht gerade seine exemplarische »Gottesfurcht«, wie wir wissen, die ihn so herunterkommen ließ. Das alles hat der Zuschauer bereits gesehen und kann sich damit über den Koch und seine »Botschaft« einen höchst persönlichen Kommentar erlauben.

Aber vielleicht spricht hier gar nicht der Koch zum Zuschauer, sondern der Dichter selbst? Es gehört zu den geläufigsten Mißverständnissen üblicher Literaturkritik, irgendwelche hervorstechenden Sentenzen, die von einer Figur im Drama oder Roman geäußert werden, nun ohne weiteres »dem Dichter« zuzuschreiben. Geschieht das mit Berechtigung, so handelt es sich im allgemeinen um einen nicht sehr guten Dichter... Völlig absurd wäre es aber hier, in diesem »Salomon-Song« nun gesammelte Lebensweisheiten von Bertolt Brecht zu erblicken. Das bürgerliche Publikum hat sich die Songs der »Dreigroschenoper« natürlich auf diese Weise schmackhaft gemacht. Man hörte es gern, wenn offenbar auch der »linke« Dichter zugab, angenehm sei nur das Leben im Wohlstand...

Und hier? In einer Zusatzstrophe des »Salomon-Songs« zur »Dreigroschenoper« hatte der Dichter auch vom »wissensdurstigen Brecht« gesprochen, der so lange als Marxist nach den Ursachen der Ausbeutung fragte, bis man ihn aus dem Lande trieb. Der »Wissensdurst« hatte ihn angeblich soweit gebracht. »Beneidenswert, wer frei davon!« Der Zuschauer oder Leser aber ergänzt sogleich: es ist nicht bekannt, daß sich Brechts »Wissensdurst« durch die erzwungene Emigration beeinflussen ließ! Wenn angeblich der Dichter selbst vor dem Wissensdurst, unter Hinweis auf das eigene Schicksal, warnen will, so hat die Warnung bei ihm selbst wenig genutzt. Abermals wird der Zuschauer zur dialektischen Gedankenarbeit gezwungen. Er wird davor gewarnt, die Lehren des »Salomon-Songs« für bare Münze zu nehmen. Er soll sich gefälligst fragen, wie es denn wirklich zuging, daß Weisheit, Kühnheit und Wissensdurst zum Übel ausschlugen. Dem Koch kann der Zuschauer nicht trauen: der ist selbst seine beste Widerlegung. Dem Dichter kann er ohne weiteres auch nicht trauen: der hat sich offenbar ebensowenig an die Lehre gehalten: beneidenswert, wer frei davon.

Und Mutter Courage? Es stimmt schon, daß ihre Kinder, die ja ausdrücklich im Titel des Stückes zusammen mit der Mutter genannt werden, alle an ihren besten Eigenschaften zugrunde gehen: Eilif an seiner Kühnheit, Schweizerkas an seiner Redlichkeit, die Stumme an ihren mütterlichen Gefühlen. Warnt die Mutter Courage also vor moralischen und noblen Entscheidungen? Keineswegs, denn in der gleichen Szene, mit welcher der »Salomon-Song« kontrapunktisch verbunden ist, erleben wir eine große und noble Handlung der Marketenderin Anna Fierling. Sie verzichtet auf die Versorgung an der Seite des Kochs in Utrecht, wenn sie dabei die Tochter im Stich lassen muß. Die Mutterliebe gibt ihr ein Zeichen höchsten menschlichen Takts ein, damit die Tochter möglichst nicht merke, welch großes Opfer hier gebracht wurde.

Beim genaueren Nachdenken wird sich dem Zuschauer dieser Sinn der Szene mit Notwendigkeit erschließen. Der Song verkündet die Wertlosigkeit aller noblen Regungen im gleichen Augenblick, da sich eine wirklich noble Handlung vollzieht. Also ist es offenbar nicht die Schuld der Tugenden, wenn Menschen keinen Nutzen daraus ziehen. Also müssen es besondere gesellschaftliche Verhältnisse sein, die bei den Großen, und ganz besonders bei den kleinen Leuten, das Unheil herbeiführen. Es gibt keine »an sich« schädlichen Tugenden. Und es ist vor allen Dingen viel bemerkenswerter, die großen menschlichen Heldentaten jener unbekannten kleinen Leute zu schildern, von denen im Lied und in der Geschichte so wenig die Rede zu sein pflegt. Während von Cäsar und Sokrates gesungen wird, erleben wir bei der historischen nahezu unbekannten »Mutter Courage« bemerkenswerte Züge der Tapferkeit, Aufopferung und Herzenshöflichkeit. Diese Zusammenhänge aber muß sich der Zuschauer im eigenen Nachdenken erschließen. Dem »Stückeschreiber«, so hat es Brecht formuliert, kommt es nicht darauf an, die Mutter Courage zur höchsten Stufe gesellschaftlicher Einsicht zu führen, der Zuschauer soll diese Bewußtseinsentwicklung durchmachen, nicht irgendeine Gestalt des Schauspiels.

Der Leser des Gedichts über den Schneider von Ulm sollte die Lehre ziehen, nicht der Bischof. Und der Dichter wollte ihm dabei helfen, ohne dem Zuschauer den eigenen geistigen Klärungsprozeß bereits vorwegzunehmen. Die Funktion des »Salomon-Songs« in der »Mutter Courage« erweist sich also als dramaturgisch notwendig: als notwendig für eine Dramaturgie, die klären und gesellschaftliche Vorgänge einsehbar machen will.

Andrzej Wirth
Die Funktion des Songs in ›Mutter Courage und ihre Kinder‹

Für die folgende Etappe im dramatischen Schaffen Brechts steht das Stück »Mutter Courage und ihre Kinder« (1939), in dem sich die stereometrische Struktur weiter herausbildet; vor allem aber wird jetzt die Form des Songs entwickelt. Diese Evolution hängt eng zusammen mit dem erwähnten Wandel der Ansichten Brechts in bezug auf das Wesen des Theaters und seine didaktischen Aufgaben. Durch Brechts neue, vertiefte Auffassung von der gesellschaftlichen Funktion der Bühne, die besagt, daß das Theater »keinen anderen Ausweis benötigt als den Spaß«, wird die Funktion des Songs differenziert und ausgeweitet – und nicht etwa durch den Verzicht auf den Chor.

In diesem Sinne schreibt Brecht im »Kleinen Organon«: »Keineswegs könnte man es (das Theater) in einen höheren Stand erheben, wenn man es z. B. zu einem Markt der Moral machte; es müßte dann eher zusehen, daß es nicht gerade erniedrigt würde, was sofort geschähe, wenn es nicht das Moralische vergnüglich, und zwar den Sinnen vergnüglich machte – wovon das Moralische allerdings nur gewinnen kann. Nicht einmal zu lehren sollte ihm zugemutet werden, jedenfalls nichts Nützlicheres, als wie man sich genußvoll bewegt, in körperlicher oder geistiger Hinsicht. Das Theater muß nämlich durchaus etwas Überflüssiges bleiben dürfen, was freilich dann bedeutet, daß man für den Überfluß ja lebt. Weniger als alles andere brauchen Vergnügungen eine Verteidigung.«

Die Überzeugung, es könne nicht Ziel des Theaters sein, der »kleinen Pädagogik« zu dienen, äußerte sich auch dadurch, daß lyrische Songs eingeführt wurden, solche, die informierenden Charakter hatten und die Moral indirekt zum Ausdruck brachten. Schließlich spiegelte sich diese Überzeugung Brechts ebenfalls im Charakter der *»direkten Moral«* wider.

Das Refrainlied der Mutter Courage besitzt jenen, in früheren Stücken nicht vorhandenen *informierenden* und lyrischen Charakter. Das Lied wird aus einem Dialog abgeleitet, und wenn man es als eine Antwort auf die an Courage und ihre Kinder gerichtete Frage des Feldwebels ansehen will – »Wer seid ihr?« –, so stellt es eine Mitteilung dar, die die dramatische Ebene *beleuchtet:*

Ihr Hauptleut, laßt die Trommel ruhen
Und laßt eur Fußvolk halten an:

Mutter Courage, die kommt mit Schuhen
In denens besser laufen kann
Mit seinen Läusen und Getieren
Bagage, Kanone und Gespann –
Soll es euch in die Schlacht marschieren
So will es gute Schuhe han.

Es folgt eine engere Verknüpfung der dramatischen Ebene mit der poetischen. Die poetische Ebene wird zu einer Kontinuation, zu einer Verlängerung der dramatischen Ebene, sie gewinnt im Verhältnis zu jener stärkeres Erklärungsvermögen. Freilich antwortet die Mutter Courage auf die Frage des Feldwebels mit einem lapidaren: »Wir handeln«, doch erklärt erst der Song, um was für einen Handel es hier geht; erst der Song wirft einiges Licht auf die Peripetien der Handlung. Den eigentlichen lyrischen Überbau über der dramatischen Ebene bildet erst der Refrain des Songs:

Das Frühjahr kommt. Wach auf, du Christ!
Der Schnee schmilzt weg. Die Toten ruhn.
Und was noch nicht gestorben ist
Das macht sich auf die Socken nun.

Hier vollzieht sich eine wirkliche Poetisierung des Gewerbes der Courage – durch die *lyrische* Heroisierung des Berufes jener kleinen Hyäne des Krieges. Das, was nach der Meinung des Stückeschreibers vom Zuschauer verdammt werden muß, die Haltung, die der Zuschauer mit einem moralisch negativen Vorzeichen versehen soll, wird plötzlich mit frappierenden Merkmalen versehen, erscheint einmal als schön, dann wieder als abstoßend. Der Song hört auf, eine Übertragung von moralisch und ideell eindeutigen, klaren Urteilen zu sein; er wird zur Grundlage für die Polarisation der Gefühle zwischen den beiden Polen der moralischen und ideellen Wertung; er provoziert eine Ambivalenz der Überzeugungen und Emotionen, die – wie im Leben – Einverständnis und Widerspruch in sich birgt. Einer entschiedenen, vereinfachten Zielrichtung der Gefühle stellt die neue Konzeption des Songs das bedeutend reichere, veränderbare *Spiel der Emotionen* entgegen.

Die organische Verknüpfung der Ebenen bewirkt, daß die poetische Ebene sich nicht nur in der lyrischen Zeit abspielt, sondern ebenfalls in der dramatischen. Der zitierte Song treibt die Handlung in gewisser Beziehung voran, denn er enthält wichtige Prämissen für das Verständnis dessen, was dann in der dramatischen Ebene folgt. Ähnlich stehen die Dinge um das »Lied vom Weib und dem Soldaten«, das zur Auflösung einer für das Theater wichtigen Peripetie benutzt wird. (Die Mutter erkennt den Sohn wieder, der Sohn die Mutter.) Hier wird der Song zum Mittel, Situationen zu entscheiden, ohne daß er dabei seine poetische Funktion verliert. Er übernimmt zum Teil die Aufgaben des Chors und bringt ein moralisches Urteil zum Ausdruck. Aber selbst wenn dies eine Moral ist, die *direkt* ausgedrückt wird, – wie im erwähnten Lied, wo am Ende der Krieg verurteilt wird:

Er verging wie der Rauch, und die Wärme ging auch
Denn es wärmten sie nicht seine Taten,

so kann man diese Moral doch nicht als eine eindeutige deklarative Wertung ansehen, denn der Text ist zugleich eine Apotheose auf den Soldatenstand und eine Warnung vor seinen Gefahren.

Doch der Soldat mit der Kugel im Lauf
Hörte die Trommel und lachte darauf:
Marschieren kann nimmermehr schaden!
Hinab nach dem Süden, nach dem Norden hinauf
Und das Messer fängt er mit Händen auf!
. . .

Und der Soldat mit dem Messer am Gurt
Sank hin mit dem Spieß, und mit riß in die Furt
Und das Wasser fraß auf, die drin waten.
Kühl stand der Mond überm Schindeldach weiß
Doch der Soldat trieb hinab mit dem Eis . . .

In der »Mutter Courage« wendet Brecht Songs an, welche die Lyrik dramatisieren. Ihre Erzähltechnik vermeidet die *direkte* Moral, obwohl sie oft genug scheinbar moralisierenden Zielen dient. Yvettes Worte, bevor sie das »Lied vom Fraternisieren« singt, beziehen sich auf Kattrin: »Grad soll sies hören, damit sie abgehärtet wird gegen die Liebe.« Und die Courage zieht aus dem Song der Yvette eine Moral für ihre Tochter: »Laß dirs also zur Lehre dienen, Kattrin. Nie fang mir was mit Soldatenvolk an.«

Das »Lied vom Fraternisieren« ist jedoch vor allem ein Gedicht über eine verratene Liebe, seine moralisierende Funktion ist sekundär und entgeht beinahe der Aufmerksamkeit des Zuschauers.

Neben den Songs, die eine bestimmte moralische Wahrheit ausdrücken, erscheinen daher auch Verse, die den inneren Zustand der Gestalten beschreiben. Diese Gedichte spielen jenseits der dramatischen Zeit und sind ein Kommentar zu den Erlebnissen des Helden in der Vergangenheit und Gegenwart. Gleichzeitig führt Brecht Songs ein, die lose mit der dramatischen Ebene verbunden sind, wie z. B. »Feldpredigers Horenlied«, eine weit hergeholte *Parabel* zur Situation auf der Bühne. Es ist dies eine weniger glückliche Manier, den poetischen Überbau zu bilden, denn im Erleben des Zuschauers beginnen die formalen, dekorativen Elemente die Oberhand zu gewinnen, – der Song wird als ein schönes altes Lied erlebt und nicht als organischer Bestandteil des Bühnenwerkes.

Typisch jedoch für die »Mutter Courage« ist gerade die kluge Ausnützung der Möglichkeiten der poetischen Ebene. Als ausgezeichnetes Beispiel kann der »Salomon-Song« dienen, der

organisch aus der Bühnensituation herauswächst und von dem Ausführenden ununterbrochen durch die Position der dramatischen Ebene kommentiert wird.
Diese fortwährende Gegenüberstellung der beiden Ebenen ist der Quell eines besonderen ästhetischen Erlebnisses, das zwischen der bezeichneten poetisierten und der realen Lebenshaltung oszilliert. Das Ergebnis dieser Konfrontation kann verschieden sein: zum einen das Gefühl der Brüchigkeit der menschlichen Existenz und der Vergeblichkeit der menschlichen Anstrengungen angesichts der vernichtenden Gewalten des Schicksals, zum anderen das Grauen und die Tragik eines Lebens, das aus eigenen Erfahrungen nichts zu lernen vermag. »Ich muß wieder in'n Handel kommen«, sagt Mutter Courage und spannt sich mit letzter Kraft vor ihren Wagen. Diese Worte begleitet ein triumphaler und heroischer Kriegsmarsch.

Das Frühjahr kommt! Wach auf, du Christ!
Der Schnee schmilzt weg! Die Toten ruhn!
Und was noch nicht gestorben ist
Das macht sich auf die Socken nun.

Wo die dramatische Ebene einen Fetzen des durch den Krieg zugrunde gerichteten Menschen zeigt, der immer noch an den Krieg Hoffnungen knüpft, wo die poetische Ebene ein verführerisches Bild dieser Hoffnungen vermittelt, dort müssen in der philosophischen Ebene Reflexionen und Überzeugungen entstehen, von solch einer Kraft, wie sie die Poetik der kleinen Didaktik und der direkten eindeutigen Moral, die das reale Spiel der Widersprüche übersieht, im Zuschauer niemals wecken kann.

Anhang

Daten zu ›Mutter Courage und ihre Kinder‹

Sommer 1939	Die schwedische Schauspielerin Naima Wifstrand liest Brecht die Geschichte der nordischen Marketenderin Lotta Svärd aus »Fähnrich Stahls Erzählungen« von Johan Ludvig Runeberg vor. Brecht wird dadurch zu »Mutter Courage« angeregt.
27.–29.9.1939*	Brecht beginnt in Schweden mit der Niederschrift von »Mutter Courage und ihre Kinder«.
29.10. – 3.11. 1939*	Brecht stellt »Mutter Courage und ihre Kinder« fertig. Die Rolle der stummen Kattrin schrieb er für Helene Weigel, die damit in vielen Ländern hätte auftreten können. Abzüge des Stücks werden an Freunde und Theaterleute versandt. »Ich stellte mir, schreibend, vor«, berichtete Brecht später, »daß von den Bühnen einiger großer Städte herab die Warnung des Stückschreibers zu hören sein würde, die Warnung, daß der einen langen Löffel haben muß, der mit dem Teufel frühstücken will. Ich mag darin naiv gewesen sein, aber ich halte es nicht für eine Schande, naiv zu sein. – Es kam nicht zu solchen Aufführungen. Die Schriftsteller können nicht so schnell schreiben, wie die Regierungen Kriege machen können: denn das Schreiben verlangt Denkarbeit. Die Bühnen waren viel zu früh in den Händen des großen Räubers. ›Mutter Courage und ihre Kinder‹ kam also zu spät.«
Dezember 1940	Erste Veröffentlichung der Szene »Feldhauptmann Tilly wird begraben« in Heft 12 der »Internationalen Literatur / Deutsche Blätter«, Moskau.
19.4.1941	Uraufführung von »Mutter Courage und ihre Kinder« am Schauspielhaus Zürich (s. Verzeichnis der Aufführungen, S. 169). Brecht notiert: »Es ist mutig von diesem hauptsächlich von Emigranten gemachten Theater, jetzt etwas von mir aufzuführen. Keine skandinavische Bühne war mutig genug dazu.«
22.4.1941	Brecht: »Warum ist die ›Courage‹ ein realistisches Werk? Es bezieht für das Volk den realistischen Standpunkt gegenüber den Ideologien: Kriege sind für die Völker Katastrophen, nichts sonst, keine Erhebungen und keine Geschäfte.

* Angaben nach Eintragungen im Notizkalender von Margarete Steffin

Es nimmt nicht den moralischen Standpunkt ein, d. h., es geht nicht aus von der momentan herrschenden Moral, ist aber sittlich.
Für die Handlungen der Personen sind Motive angegeben, welche, erkannt und berücksichtigt, die Behandlung von Menschen erleichtern.
Das Werk arbeitet mit dem gegenwärtigen Bewußtsein der Mehrheit der Menschen.«

1941	Erster Druck in englischer Sprache: »Mother Courage« by Bertolt Brecht, Translated by H. R. Hays, in: »New Directions«, Norfolk
1946	Paul Dessau komponiert in Zusammenarbeit mit Brecht die Courage-Musik (s. Zur Courage-Musik, S. 118 ff.)
1946	Bühnenmanuskript im Theaterverlag Kurt Reiss, Basel
Februar 1947	Bühnenmanuskript im Suhrkamp Verlag, Berlin
1949	Erste Ausgabe des Stückes im Heft 9 der »Versuche«, Suhrkamp Verlag, Frankfurt/M.
11. 1. 1949	Aufführung des Stücks am Deutschen Theater Berlin unter der Regie von Bertolt Brecht und Erich Engel (s. Verzeichnis der Aufführungen, S. 170).

Übersetzer von ›Mutter Courage und ihre Kinder‹

Englische Sprache
John Auden und Christopher Isherwood; Eric Bentley; Marc Blitzstein; H. R. Hays; James Kirkup; A. L. und C. Lloyd; A. J. Ryder; George Tabori; Desmond Vesey
Französische Sprache
Geneviève Serreau und Benno Besson
Italienische Sprache
Franco Grani / Fernando Candia; Cordelia Gundolf; Ruth Leiser / Franco Fortini
Dänische Sprache
Ivan Malinovski, Lieder: Otto Gelsted und Poul Henningsen
Holländische Sprache
Anna Blaman
Norwegische Sprache
Ole Grepp
Schwedische Sprache
Brita und Johannes Edfelt
Spanische Sprache
Manfred Schönfeld
Japanische Sprache
Koreya Senda; Prof. Kozo Komiya
Russische Sprache
S. Apt; Musa Konstantinowna-Pawlowa; Rosanow
Polnische Sprache
Stanislaw Jerzy Lec
Tschechische Sprache
Rudolf Vapenik und Ludvik Kundera
Jugoslawische Sprache
Todor Manojlović, Lieder: Velimir Zivojinović und Ivan Ivanji
Serbokroatische Sprache
Gustav Krklec; Zdenko Skreb

Aufsätze über ›Mutter Courage und ihre Kinder‹

Brinkmann, Karl
Erläuterungen zu Bertolt Brechts »Mutter Courage«
in: Dr. Wilhelm Königs Erläuterungen zu den Klassikern, Band 277, Hollfeld/Obfr. o. J., S. 18–32 und 45–61
Hebel, Franz
Bert Brecht im Deutschunterricht der Oberstufe / »Mutter Courage und ihre Kinder«
in: Die Pädagogische Provinz, 11. Jg. 1957, Juli/August, Heft 7/8, S. 372 bis 381, Frankfurt/Main
Heiseler, Bernt von
Brecht und die »Courage«
in: Zeitwende, München, XXII, 5, 1. 1. 1951, S. 464–466, auch in: Der Dichter als Tröster, Betrachtungen zur dichterischen Aufgabe in dieser Zeit, Berlin, Lettner-Verlag, 1954, S. 97–103
Hennenberg, Fritz
Dramaturgische Analysen/»Mutter Courage«
in: Dessau/Brecht, Musikalische Arbeiten, Berlin 1963, S. 109–114
Luthardt, Theodor
Der Song als Schlüssel der dramatischen Grundkonzeption in Bertolt Brechts »Mutter Courage und ihre Kinder«
in: Wissenschaftliche Zeitschrift der Friedrich-Schiller-Universität Jena, Gesellschafts- und Sprachwissenschaftliche Reihe, 7. Jg., 1957/58
Parmet, Simon
Die ursprüngliche Musik zu »Mutter Courage« / Meine Zusammenarbeit mit Brecht
in: Schweizerische Musikzeitung, 97. Jg., Nr. 12, 1. Dezember 1957, S. 465 bis 468
Siebert, H. J.
»Mutter Courage und ihre Kinder« – ein Werk epischer Dramatik
in: Acta Universitatis Szegediensis, Sectio Scientiarum Philologiae Germanicae 1961, Szeged 1961, S. 15–28
Witt, Hubert
Nachwort (zu »Mutter Courage und ihre Kinder«)
in: Bertolt Brecht, »Mutter Courage und ihre Kinder«, Leipzig 1961, S. 89–100

In diesem Verzeichnis wurden die Arbeiten nicht berücksichtigt, die in diesem Band enthalten sind.

Verzeichnis der Aufführungen von ›Mutter Courage und ihre Kinder‹

Besetzung der Uraufführung am Schauspielhaus Zürich (Premiere: 19. 4. 1941)

Regie: Leopold Lindtberg
Bühnenbild: Teo Otto
Musikalische Leitung: Paul Burkhard
Technische Leitung: Ferdinand Lange

Anna Fierling, genannt Mutter Courage	Therese Giehse
Die stumme Kattrin, ihre Tochter	Erika Pesch
Eilif, ihr Sohn	Wolfgang Langhoff
Schweizerköbi, ihr zweiter Sohn	Karl Paryla
Der Koch	Wolfgang Heinz
Der Feldprediger	Sigfrit Steiner
Yvette Pottier	Angelika Arndts
Ein Feldhauptmann	Hermann Wlach
Ein Werber	Fritz Delius
Ein Feldwebel	Kurt Horwitz
Junger Soldat	Emil Stöhr
Älterer Soldat	Friedrich Braun
Obrist	Willi Stettner
Kaiserlicher Feldwebel	Kurt Brunner
Junger Bauer	Friedrich Braun
Alte Bäuerin	Traute Carlsen
Fähnrich	Ernst Ginsberg
Schreiber	Eugen Jensen
Soldaten	Enzo Ertini John E. Schmid Hans Wlasak
Junger Mann	Erwin Parker
Alter Mann	Carl Delmont

Besetzung der Aufführung am Deutschen Theater Berlin (Premiere: 11. 1. 1949)

Regie: Bertolt Brecht · Erich Engel
Ausstattung: Teo Otto · Heinrich Kilger
Musikalische Leitung: Heinz Hartig
Technische Leitung: Karl Ruppert

Mutter Courage	Helene Weigel
Eilif	Ernst Kahler
Schweizerkas	Joachim Teege
Kattrin	Angelika Hurwicz
Ein Werber	Wolfgang Kühne
Feldwebel	Gerhard Bienert
Der Koch	Paul Bildt
Ein Feldhauptmann	Paul Esser
Der Feldprediger	Werner Hinz
Der Zeugmeister	Artur Malkowsky
Yvette Pottier	Renate Keith
Der Einäugige	Hans Hasche
Zweiter Feldwebel	Werner Segtrop
Der Obrist	Franz Weber
Der Schreiber	Ingo Osterloh
Ein älterer Soldat	Gustav Mahncke
Ein jüngerer Soldat	Gert Schaefer
Erster Soldat	Herbert Richter
Zweiter Soldat	Gerhard Knape
Eine Bäuerin	Paula Kramer
Ein Bauer	Curt Lampe
Ein singender Soldat	Richard Thümmler
Ein Soldat	Hans Schille
Eine alte Frau	Käthe Reich
Ein junger Bauer	Ottokar Runze
Ein singendes Mädchen	Madlon Harder
Fähnrich	Herwart Grosse
Erster Soldat	Hubert Suschka
Zweiter Soldat	Johannes Knittel
Der alte Bauer	Erich Dunskus
Die Bäuerin	Gerda Müller
Der junge Bauer	Peter Marx

Besetzung der Verfilmung von »Mutter Courage und ihre Kinder« (Uraufführung: 10. 2. 1961)

in der Inszenierung des Berliner Ensembles
von Bertolt Brecht und Erich Engel
Drehbuch: Peter Palitzsch, Manfred Wekwerth
Produktionsleitung: Alexander Lösche
Kamera: Harry Bremer
Bauten: Heinrich Kilger, Erich Kulicke (nach einem Modell von Teo Otto)
Musikalische Leitung: Hans Dieter Hosalla
Regie: Peter Palitzsch, Manfred Wekwerth

Mutter Courage	Helene Weigel
Kattrin	Angelika Hurwicz
Eilif	Ekkehard Schall
Schweizerkas	Heinz Schubert
Werber	Willi Schwabe
Feldwebel	Gerhard Bienert
Koch	Ernst Busch
Feldhauptmann	Norbert Christian
Feldprediger	Wolf Kaiser
Zeugmeister	Harry Gillmann
Yvette Pottier	Regine Lutz
Einäugiger	Peter Kalisch
Zweiter Feldwebel	Erik S. Klein
Obrist	Wolf von Beneckendorff
Schreiber	Ralf Bregazzi
Älterer Soldat	Wladimir Marfiak
Junger Soldat	Gert Schaefer
Zweiter Soldat	Edgar Schrade
Eine Bäuerin	Eva Brumby
Ein Bauer	Siegmund Linden
Diener der Yvette	Johannes Conrad
Soldat	Wolfgang Lohse
Fähnrich	Stefan Lisewski
Soldat	Hans W. Hamacher
Soldat	Horst Kube
Die Bäuerin	Carola Braunbock
Der Bauer	Josef Kamper
Der junge Bauer	Fritz Hollenbeck
Der Chronist	Hilmar Thate

19. 4. 1941	Schauspielhaus Zürich R.: Leopold Lindtberg, B.: Teo Otto C.: Therese Giehse
16. 4. 1946	Työväen Teatteri, Turku/Abo C.: Senni Nieminen
11. 1. 1949	Deutsches Theater Berlin R.: Bertolt Brecht/Erich Engel, B.: Teo Otto/Heinrich Kilger, C.: Helene Weigel
Mai 1949	Städtische Bühnen Dortmund R.: Erich Buschardt, B.: Harry Breuer C.: Moje Forbach
17. 5. 1949	Stadttheater Annaberg-Buchholz R.: Walter Laven, B.: Werner Knoll C.: Hertha Wild-Bolley
21. 8. 1949	Anhaltisches Landestheater Dessau R.: Richard Ulrich, B.: Manfred Schröter C.: Frieda Jahn
14. 9. 1949	Städtische Bühnen Erfurt R.: Herbert Henze, B.: Walter Schröter C.: Carola Behrens
1. 10. 1949	Wuppertaler Bühnen R.: Willi Rohde, B.: Hanna Jordan C.: Elisa Tuerschmann
12. 10. 1949	Landestheater Altenburg R.: Kurt Jung-Alsen, B.: Wolf Hochheim C.: Judith Harms
24. 10. 1949	Stadttheater Wismar R.: Hanns Anselm Perten, B.: Horst Laskowski C.: Irene Andor
15. 11. 1949	Süddeutscher Rundfunk Stuttgart R.: Karl Peter Biltz, C.: Cläre Ruegg
November 1949	Landestheater Darmstadt R.: Siegmund Skraup, B.: Wolfram Munz C.: Ellen Krug
Februar 1950	Städtisches Theater Mainz R.: Eberhard Müller-Elmau, C.: Anneliese Rehse
März 1950	Das junge Theater Stuttgart R.: Hans F. Altmann, C.: Lilo Barth
2. 3. 1950	Bühnen der Landeshauptstadt Kiel R.: Ernst Dietz, B.: Theo Iller, C.: Maria Bargheer

17. 3. 1950	Städtetheater Tübingen-Reutlingen R.: Paul Rose, B.: Manfred Hinzpeter C.: Traute Rose
März 1950	Landestheater Meiningen R.: Fritz Diez, B.: Kurt Froese C.: Martha Beschort-Diez
4. 5. 1950	Staatstheater Kassel R.: Walter Segler, B.: Erich Döhler C.: Trude Tandar
28. 4. 1950	Städtische Bühnen Augsburg R.: Gert Benofsky, C.: Franziska Jakobi
8. 10. 1950	Kammerspiele München R.: Bertolt Brecht, B.: Teo Otto C.: Therese Giehse
23. 12. 1950	Rotterdams Toneel R.: Ruth Berlau, B.: Teo Otto C.: Aaf Bouber
24. 2. 1951	Stadttheater Döbeln R.: Gert Beinemann, B.: Axel von Flocken C.: Maria Sachse
März 1951	Suomen Työväen Teatteri, Helsinki R.: Jarno Pennanen, C.: Rakel Laakso
Mai 1951	Stadttheater Rheydt
18. 11. 1951	TNP im Théâtre de la Cité Jardins, Suresnes b/Paris
1951	Städtische Bühnen Gera C.: Senta Esser
14. 10. 1952	Kammerspiele Hamburg R.: Hans Lietzau, B.: Helmut Koniarsky C.: Ida Ehre
1. 11. 1952	La Compagnia del Teatro dei Satiri di Roma R.: Luciano Lucignani, B.: Teo Otto C.: Cesarina Gheraldi
15. 11. 1952	TNP im Palais de Chaillot, Paris R.: Jean Vilar / Benno Besson C.: Germaine Montero
19. 5. 1953	Nationaltheater Mannheim
8. 10. 1953	Det Kongelige Teater Kopenhagen R.: Torben Anton Svendsen, B.: Erik Nordgreen C.: Ellen Gottschalch
November 1953	Temporada del Teatro IFT 1953 Buenos Aires R.: Alberto d'Aversa, B.: Saulo Benavente C.: Jordana Fain

1953	Versuchstheater der Universität Santiago de Chile R.: Pedro de la Barra
9. 11. 1954	Svenska Teatern Helsinki R.: Gerda Wrede, B.: Molger Reenberg C.: Gundel Henrikson
1954	Folkparksteatern Stockholm R.: Josef Halfen, B.: Carl Johnsson-Cloffe C.: Brita Hertzberg
Januar 1955	Det Norske Teatret Oslo R.: Knut Thomassen, B.: Arne Walentin C.: Astrid Sommer
Januar 1955	Institute of Contemporary Arts London (Öffentliche Lesung) R.: Eric Capon, C.: Ina De la Haye
13. 3. 1955	Stadttheater Gießen R.: Heinz Schade, B.: Hans Hamann C.: Beryll Sharland
21. 4. 1955	Työväen Teatteri Tampere R.: Eino Salmelainen, C.: Rakel Laakso
Juni 1955	Theatre Workshop Sommerfestspiele in Barnstaple/Devon R. und C.: Joan Littlewood
28. 8. 1955	Landestheater Halle R.: Fritz Diez, B.: Rolf Döge C.: Martha Beschort-Diez
18. 9. 1955	Badisches Staatstheater Karlsruhe R.: Paul Rose, B.: Wilfried Otto C.: Traute Rose
26. 11. 1955	Landesbühne Niedersachsen Hannover R.: Reinhold Rüdiger, B.: Manfred Miller C.: Lilo Barth
9. 12. 1955	Theater der Freien Hansestadt Bremen R.: Hannes Razum, B.: Manfred Miller C.: Ellen Waldeck
Dezember 1955	BBC London, 3. Programm R.: R. D. Smith, C.: Maria Fein
13. 1. 1956	The Actor's Workshop San Francisco R.: Herbert Blau, B.: Ernest Baron C.: Beatrice Manley
8. 2. 1956	The Trinity College Dramatic Society Toronto R.: Joseph Furst, B.: Astrid Weyman C.: Juliana Gianelli

12. 8. 1956	Staatstheater Sibiu/Rumänien R.: Hans Schuschnigg C.: Ilse Thüringer/Ursula Armbruster
22. 9. 1956	Deutsches Theater Göttingen R.: Eberhard Müller-Elmau, B.: Wilhelm Preetorius C.: Grete Wurm
Oktober 1956	43 Dramatic Club (in the Central Hall) Gosforth R.: Silas Harvey, C.: Elsie Lee
17. 1. 1957	Schauspielhaus Belgrad R.: Branko Anbelik, B.: Milenko Scherban C.: Lilian Krstitsch
28. 2. 1957	Divadlo S. K. Neumann Prag R.: Vaclav Lohnicky, B. Richard Tillinger C.: Pavla Marsalkova
10. 2. 1957	Städtische Bühnen Gelsenkirchen R.: Jost Dahmen, B.: Theo Lau C.: Anneliese Rehse
13. 2. 1957	Städtische Bühnen Bielefeld R.: Friedrich Steig, B.: Franz Hosenfeldt C.: Lenore Fein
5. 4. 1957	Narodno Pozoriste Sarajewo R.: Borislav Grigorovic, B.: Strahinja Petrovic C.: Jolanda Dacic
Juli 1957	Jüdisches Staatstheater Warschau R.: Ida Kaminska, B.: Zenobinsz Strczelecki C.: Ida Kaminska
24. 1. 1958	Madach-Theater Budapest R.: Géza Partos, B.: Lajos Janosa C.: Manyi Kiss
Januar 1958	Schloßtheater Celle R.: Götz Olaf Rausch, B.: Manfred Miller C.: Lilo Loewe
7. 2. 1958	Städtische Bühne Ulm R.: Günther Hanke, B.: Hansheinrich Palitzsch C.: Lilo Barth
8. 2. 1958	Schauspielhaus Düsseldorf R.: Hans Schalla, B.: Max Fritzsche C.: Elisabeth Flickenschildt
10. 3. 1958	Mecklenburgisches Staatstheater Schwerin R.: Walter Beck, B.: Kurt Froese C.: Karin Seybert

10. 3. 1958	Theater der Stadt Trier R.: Lothar Michael Schmitt, B.: Jo Giersch C.: Elisabeth Czap
16. 3. 1958	Stadttheater Zittau R. und B.: Klaus-Martin Boestel C.: Luise Osske
16. 4. 1958	Städtische Bühne Heidelberg R.: Hans Gaugler, B.: Walter Weber C.: Ly Brühl
8. 5. 1958	Württembergische Staatstheater Stuttgart R.: Erich-Fritz Brücklmeier, B.: Leni Bauer-Ecsy C.: Mila Kopp
20. 5. 1958	Städtische Bühnen Frankfurt/M. R.: Harry Buckwitz, B.: Teo Otto C.: Therese Giehse
30. 5. 1958	Vereinigte Bühnen der Stadt Graz R.: Paul Riedy, B.: Robert E. Jahren C.: Rosa Dybal-Kadlé
7. 10. 1958	Bühnen der Stadt Zwickau R.: Edgar Schatte, B.: Harry Kleinhempel C.: Charlotte Zanotti
25. 10. 1958	Kreistheater Werdau Crimmitschau R.: Karl-Heinz Pape, B.: Artur Pötzschig C.: Elfriede Huhle
30. 11. 1958	Unity Theatre London R.: Heinz Bernard, C.: Helena Stevens
6. 12. 1958	Teatrul German de Stat Timisoara R.: Mauritius Sekler, B.: Gustav Binder C.: Margot Göttlinger
1958	Panstwowy Teatr Ziemi Mazowieckiej Warszawa R.: Krystyna Berwinska, B.: Josef Szajna C.: Irena Skwierczynska
7. 1. 1959	Pfalztheater Kaiserslautern R.: Günther Mack, B.: Wolfgang Hardt C.: Gerda Borkmann
11. 1. 1959	Stadttheater Hildesheim R.: Willi Rohde, B.: Hans-Joachim Redlich C.: Eleonore Zetzsche
16. 1. 1959	Theater »Adriana Budewska« Burgas R.: Julia Ognjanowa, B.: Michail Simeonow C.: Dimitrina Sawowa

29. 1. 1959	Bühnen der Stadt Nordhausen R.: Hans-Joachim Würzner, B.: Hans Kurzer C.: Charlotte Kornagel
Januar 1959	Staatstheater Oldenburg R.: Ulrich Brecht, B.: Heinz Meerheim C.: Dorothea Constanz
Januar 1959	Play House Cleveland R.: Benno Frank, C.: Harriet Brazier
21. 2. 1959	Theater der Stadt Brandenburg R.: Kurt Veth, B.: Manfred Voigt C.: Luise Osske
27. 4. 1959	Gaiety Theatre Dublin R.: Hilton Edwards, B.: Robert Heade C.: Eithne Dunne
30. 6. 1959	BBC London Television R.: Rudolph Cartier, B.: Clifford Hatts C.: Flora Robson
14. 5. 1959	Stadttheater Saarbrücken R.: Brigitte Dryander/Ben Kopps, B.: Heinz Dahm/Hans Wolfgang, C.: Brigitte Dryander
18. 10. 1959	Städtische Bühnen Magdeburg R.: Herbert Körbs, B.: Helmut Korn C.: Ilse Voigt
18. 11. 1959	Stadttheater Luzern R.: Christoph Groszer, B.: Hanns W. Herbert C.: Ruth Baldor
24. 11. 1959	Westfälisches Landestheater Castrop-Rauxel R.: Hans Walther Deppisch, B.: Willi Eylitz C.: Eleonore Zetzsche
1959	Théâtre Grenier de Toulouse R.: Jacques Mauclair, B.: René Allio C.: Hélène Duc-Catroux
November 1959	Theater am Niederrhein Kleve R.: Hans Doerry, B.: Gerhard Fligges C.: Ursula Staudte
9. 1. 1960	Multatuli-Verein der Flämischen Volksbühne Gent R.: Rudi van Vlaenderen
15. 2. 1960	Stadttheater Mainz R.: Rolf Heutz, B.: Hans-Joachim Strehlow C.: Martha Zifferer
15. 2. 1960	Domhoftheater Osnabrück R.: Heinz Bender-Plück, B.: Robert Stahl C.: Edith Lechtape

20. 2. 1960	Staatstheater Kassel R.: Erwin Piscator, B.: Ekkehard Grübler C.: Rita Mosch
März 1960	Flämisches Nationaltheater Antwerpen R.: Fred Engelen, B.: Walter Tillemann C.: Tine Balder
4. 4. 1960	Kammerspiele Hamburg R.: Heinz Rosen, B.: Erich Grandeit C.: Ida Ehre
16. 4. 1960	Schauspielhaus Zürich R.: Leopold Lindtberg, B.: Teo Otto C.: Therese Giehse
24. 4. 1960	Schauspielhaus Bochum R.: Friedrich Siems, B.: Max Fritzsche C.: Ursula v. Reibnitz
7. 5. 1960	Stadttheater Augsburg R.: Karl Bauer, B.: Hans-Ulrich Schmückle C.: Ursula Staudte
Juni 1960	Gerhart-Hauptmann-Theater Görlitz R.: Eberhard Schäfer B.: Rolf Klemm C.: Eva Schäfer
Juli 1960	Novo Teatro Sao Paulo R.: Alberto d'Aversa, B.: Julio Prates C.: Lelia Abramo
2. 9. 1960	Landesbühne Niedersachsen Nord Wilhelmshaven R.: Rudolf Stromberg, B.: Gerhard Boutin C.: Käte Stave
15. 9. 1960	Bühnen der Hansestadt Lübeck R.: Carl-Maria Weber, B.: Jürgen Dreier C.: Elisabeth Olivier
9. 10. 1960	Folkteatern Göteborg R.: Mats Johansson, B.: Kaj Englund C.: Gudrun Brost
12. 10. 1960	Städtische Bühnen Bremerhaven R.: Gillis van Rappard, B.: Walter Perdacher C.: Erika Falkenhagen
5. 11. 1960	Majakowski-Theater Moskau R.: Maxim Strauch, B.: K. Kuleschow C.: Judith S. Gliser
11. 11. 1960	Stadttheater Freiberg R.: Annelies Thomas, B.: Eberhard Gerschler C.: Brigitte Nadler

Januar 1960	Rumänisches Staatstheater Stalinstadt C.: Nunuta Hodos
1. 3. 1961	Städtische Bühnen Oberhausen R.: Joachim Fontheim, B.: Bert Kistner, C.: Grete Wurm
4. 3. 1961	Teatrul de Stat Oradea R.: Magda H. Borbath, B.: Miklos Jakabovits C.: Anna Dukász
9. 6. 1961	Städtische Bühnen Nürnberg R.: Hesso Huber, B.: Ambrosius Humm C.: Hertha Schwarz
21. 6. 1961	Marburger Schauspiel Marburg R.: Heinrich Buchmann, B.: Volker Benninghoff C.: Lilo v. Plüskow
18. 9. 1961	Den Nationale Scene Bergen R.: Ole Grepp, B.: Per Fjeld C.: Ella Hval
18. 10. 1961	Theater der Stadt Aalborg R.: Hans-Hendrik Krause, B.: Jorgen Espen Hanse C.: Inge Hvid-Moller
4. 11. 1961	Mestské-Theater Kladno R.: Jan Großmann, B.: Zdenek Weidenthaler C.: Jirina Stepnicková
7. 11. 1961	Old Vic Bristol R.: Warren Jenkins, B.: Graham Barlow C.: Freda Jackson
7. 11. 1961	Peter Bezruc Theater Ostrava R.: Jan Kacer, B.: Lubos Hruza C.: Stepánka Ranosova
12. 12. 1961	Council for Drama and Music Oxford R.: Oliver Wilkinson C.: Valerie Lucas/Eva Rawling
21. 12. 1961	Teatro Mella Havanna R.: Vicente Revuelta, B.: Rogelio Diaz Cuesta C.: Raquel Revuelta
13. 1. 1962	Panstwowy Stary Teater im. Modrzejewski Krakow R.: Lidia Slomczynska, B.: Urszula Gogulska C.: Lidia Slomczynska
27. 1. 1962	Nationaltheater »Iwan Wasow« Sofia R.: Mois Beniesch, B.: Mladen Mladenow C.: Olga Kirtschewa
15. 2. 1962	Teatr Narodowy Warszawa R.: Zbigniew Sawan, B.: Eugeniusz Markowski C.: Irena Eichlerówna

21. 2. 1962	Danmarks Radio – Fernsehen Kopenhagen R.: Birthe Helmer-Petersen, B.: Jorn Mathiassen C.: Inge Hvid Moller
3. 3. 1962	Landesbühne Schleswig-Holstein Rendsburg R.: Joachim v. Groeling, B.: Hartwig Marahrens C.: Emmy Jülich
20. 3. 1962	Theater der Stadt Baden-Baden (Premiere am 1. 3. in Straßburg) R.: Eberhard Johow, B.: Heinz Küpferle C.: Irene Marwitz
30. 4. 1962	Auckland Repertory Theatre, New Zealand R. u. C.: Mary Amoore
1. 5. 1962	Städtebundtheater Nordostoberfranken Hof R.: Wolf Schauber, B.: Kurt Mittreiter C.: Lilly Holt
August 1962	Burgschauspiel Dinkelsbühl R.: Klaus Schlette, C.: Ilse Weber
21. 10. 1962	akademitscheski teatr drami Tallinn R.: Ilmar Tammur, B.: Ahti Indov C.: Aino Talvi
26. 9. 1962	Neues Theater Bad Kreuznach R.: Fritz Rothardt, B.: Wermut Graef C.: Anneliese Rehse
7. 11. 1962	Stadttheater Konstanz R.: Ettore Cella, B.: Paul Josef Komanns C.: Else von Seemen
8. 12. 1962	Manchester University Stage Society R.: Dennis Harison, B.: Ross Donaldson C.: Elizabeth Manners
Anfang 1963	Fakkel-Theater Antwerpen R.: Rudi van Vlaenderen
22. 2. 1963	Volkstheater Wien R.: Gustav Manker, B.: Rudolf Schneider-Manns Au C.: Dorothea Neff
24. 2. 1963	Landestheater Linz R.: Harald Benesch, B.: Walter Perdacher C.: Elfriede Gollmann
Februar 1963	Theater Chabarowsk R.: Michail Schneidermann
28. 3. 1963	Martin Beck Theatre New York R.: Jerome Robbins, B.: Ming Cho Lee C.: Anne Bancroft

31. 3. 1963	Theater der Stadt Koblenz R.: Eberhard Johow, B.: Eli Sinai C.: Helene Richter-Mielich
25. 4. 1963	Volkstheater Halberstadt R.: Gerhard Pröhl, B.: Walter Schwenke C.: Brigitte Nadler
21. 9. 1963	Vereinigte Bühnen Krefeld-Mönchengladbach R.: Wulf Leisner, B.: Ernst Rufer C.: Anna Budzinski
Oktober 1963	DU, Little Theatre, University of Denver R.: Edwin Levy, C.: Estelle Moks
11. 11. 1963	Schwäbisches Landesschauspiel Memmingen R.: Albert Lichtenfeld, B.: Heinrich Siebald C.: Traute Rose
6. 12. 1963	The Purdue University, Loeb Playhouse, New York R.: Joseph Stockdale, B.: Sam Marks C.: Anna Revere
Dezember 1963	L'Institut de la Sécurité Sociale, Mexiko R.: Ignatio Retes, C.: Teresa Montoya
Anfang 1964	Wasa Teater, Vasa R.: Hans Fors, B.: Harry Öhmann C.: Majlis Granlund
März 1964	Merseyside Unity Theatre, Liverpool C.: Joan Auger
12. 2. 1964	Württembergische Landesbühne Eßlingen R.: Erwin Bigus, B.: Dieter Klonk, C.: Lilo Barth
19. 2.1964	Stadttheater Haifa R.: Josef Millo, B.: Teo Otto C.: Jamima Millo
16. 5. 1964	DK 52, Jablonec R. u. B.: Eduard Minář, C.: Lene Hamburger
29. 5. 1964	Landesbühne Niedersachsen-Mitte, Verden R.: Conrad Dahlke, C.: Gerta Ockel
Mai 1964	Goodman Memorial Theatre of the Art Institut of Chicago R.: Joseph Slowik, B.: James Maroneк C.: Eugenie Leontovich
26. 9. 1964	Städtische Bühnen Freiburg/Br. R.: Claus Leininger, B.: Bert Kistner C.: Hanna Meyer
25. 10. 1964	Hessisches Staatstheater Wiesbaden R.: Hansgünther Heyme, B.: Hans Poppel C.: Änne Nau

14. 11. 1964	Landestheater Salzburg R.: Curt Bock, B.: Eugen Wintterle C.: Roswitha Posselt
25. 11. 1964	Bühnen der Stadt Köln R.: Peter Palitzsch, B.: Bert Kistner C.: Ursula von Reibnitz
31. 1. 1965	Städtische Bühnen Flensburg R.: Walter Hache, B.: Alexander Otto C.: Sigrid Zimmermann
16. 2. 1965	Landestheater Hannover R.: Günther Fleckenstein, B.: Rudolf Schulz C.: Grete Wurm
25. 2. 1965	Théâtre Grenier Toulouse R.: Jacques Mauclair, B.: René Allio C.: Hélène Duc
27. 2. 1965	Landestheater Eisenach R.: Carl Balhaus, B.: Heinz Lederer C.: Gudrun Okras
11. 3. 1965	Bühnen der Landeshauptstadt Kiel R.: Giselher Schweitzer, B.: Rolf Christiansen C.: Katharina Brauren
20. 3. 1965	Państwowe Teatry Dramatyczne Szczecin E.: Zbigniew Mak, B.: Irena Skoczen C.: Daniela Kolaszyńska
12. 5. 1965	Königliches Dramatisches Theater Stockholm R. u. B.: Alf Sjöberg, C.: Margaretha Krook
12. 5. 1965	National Theatre London R.: William Gaskill, B.: Jocelyn Herbert C.: Madge Ryan
6. 6. 1965	Sveriges Radio Stockholm R.: Sigvard Mårtensson
10. 6. 1965	Städtische Bühnen Münster R.: Alfred Erich Sistig, B.: Carl Wilhelm Vogel C.: Annemarie Saul
12. 6. 1965	Ruhrfestspiele Recklinghausen R.: Harry Buckwitz, B.: Teo Otto C.: Lotte Lenya
18. 7. 1965	Deutsches Fernsehen, 2. Programm, Hamburg (Übertragung der Recklinghausener Aufführung)
Juli 1965	Union des Fédérations des Œuvres Laïques d'Education Artistique (U.F.O.L.E.A.) Bressieux R.: Rene Couzenne (unter Leitung von Pierre Borvies)

6. 9. 1965	»Komödie« Basel R.: Harald Benesch, B.: Eugen Goll C.: Käthe Lindenberg
9. 10. 1965	Städtische Bühnen Erfurt R.: Walter Beck, B.: Siegfried Bach C.: Evemaria Heyse
18. 11. 1965	Landestheater Coburg R. u. B.: Werner Baer, C.: Elisabeth Scherer
16. 12. 1965	Stadttheater Hälsingborg R.: Per Sjöstrand, B.: Gunnar Pavuls C.: Lena Cederström
26. 12. 1965	Nationaltheater Reykjavik R.: Walter Firner, C.: Helga Valtýsdóttir
8. 1. 1966	Westdeutsches Tournee-Theater Remscheid R.: Wilhelm Michael Mund, B.: Jörg Meier C.: Blanca Blacha
11. 1. 1966	Théâtre National de Belgique Brüssel R.: Jacques Huisman, B.: Denis Martin C.: Suzy Falk
24. 3. 1966	Landesbühne Neckar-Rhein-Main Bruchsal R.: Hans Pabst, B.: Friedrich Goebel C.: Lotte Kleinschmidt
31. 3. 1966	Kleines Theater Heilbronn R.: Walter Bison, B.: Ludwig Rossbach C.: Rotraut Grauer
22. 4. 1966	Lesebühne Düsseldorf

Rezensionen von Aufführungen

(Bei den abgekürzten Verfassernamen war der erste Buchstabe der Abkürzung maßgebend für die Einordnung in die alphabetische Reihenfolge.)

Berlin
11. 1. 1949

[anonym] Einer von uns
Tribüne, Berlin, 13. 1. 1949
[anonym] Mutter Courage/Kleopatra/Simone
Für Dich, Berlin, 16. 1. 1949
[anonym] Leidenschaftliche Anklage gegen den Krieg
Berliner Montag, 17. 1. 1949
[anonym] »Mutter Courage und ihre Kinder«
Frankfurter Neue Presse, 26. 1. 1949
[anonym] Berliner Brief
Freiheit, Halle, 29. 1. 1949
[anonym] Wer ist noch für einen Krieg?
Die Frau von heute, Berlin, 2. April 1949, Heft 8
Altermann, S., Wo beginnt die Dekadenz?
Tägliche Rundschau, Berlin, 12. 3. 1949
–a–, Mutter Courage und ihre Kinder
Berlin's Modenblatt, März 1949
ar–, »Verflucht sei der Krieg«. Brechts »Mutter Courage und ihre Kinder« im Deutschen Theater in Berlin
Volksstimme, Chemnitz, 18. 1. 1949
Barthel, Manfred, Mutter Wolffen im 30jährigen Krieg
Der Abend, Berlin, 12. 1. 1949
Busse, Walter, »Mutter Courage und ihre Kinder«
Hamburger Allgemeine Zeitung, 14. 1. 1949
C. N., Der Raum als Bühnenbild
Sonntag, Berlin, 25. 9. 1949
–d–, Endlos mit Beifall überschüttet
Der Morgen, Berlin, 15. 9. 1961
Erpenbeck, Fritz, Mutter Courage und ihre Kinder
Vorwärts, Berlin, 13. 1. 1949
Erpenbeck, Fritz, Einige Bemerkungen zu Brechts »Mutter Courage«
Die Weltbühne, Berlin, 18. 1. 1949
E. H., »Mutter Courage und ihre Kinder« von Bertolt Brecht
Colloquium, Berlin, 1949, III. Jahrgang Nr. 1
E. S., Inhalt oder Form?
Thüringische Landeszeitung, Weimar, 13. 3. 1949

Fahrig, Hilde, Film und Theater (»Courage«)
Arbeiter in Frankreich, Paris, 1949
Fechter, Paul, Mutter oder Landstörzerin?
Westdeutsche Allgemeine Zeitung, Bochum, 9. 4. 1949
Gaby, Christian, Eine Inszenierung, von der man nach Jahren noch sprechen wird
Deutschlands Stimme, Berlin, 23. 1. 1949
Galfert, Ilse, Die Stimme Bert Brechts
Vorwärts, Berlin, 2. 2. 1949
G. L., Premiere vor Werktätigen
Tribüne, Berlin, 4. 1. 1949
Harich, Wolfgang, Der gemeine Mann hat kein' Gewinn
Tägliche Rundschau, Berlin, 14. 1. 1949
Heise, Wolfgang, »Verflucht sei der Krieg!«
Die Tribüne, Berlin, 13. 1. 1949
Heitzenröther, Horst, Herr Hauptmann, laß die Trommel ruhen!
Neues Leben, Berlin, Februar 1949, Heft 2
hfn, Den Frieden gilt es zu wagen!
National-Zeitung, Berlin, 15. 9. 1951
H. H., Fünfzigmal Brechts »Mutter Courage«
Nacht-Expreß, Berlin, 22. 8. 1949
Jhering, Herbert, Rückblick nach vorn
Die Andere Zeitung, Hamburg, 15. 1. 1959
I. G., »Mutter Courage und ihre Kinder«
Vorwärts, Berlin, 26. 4. 1949
Kaul, Walter, Medizinmann Brecht
Roland von Berlin, Berlin, 23. 1. 1949
Keisch, Henryk, Vom Krieg kann man nicht leben
Neues Deutschland, Berlin, 3. 10. 1951
Knop, Rosemarie, Mutter Courage und ihre Kinder
Start, Berlin, 21. 1. 1949
Krafft, Erich, »Verflucht sei der Krieg!«
Der Morgen, Berlin, 13. 1. 1949
KW., »Mutter Courage«
Die Zeit, Hamburg, 20. 1. 1949
K. Sch., Die Chronik vom einfachen Menschen
Der Kurier, Berlin, 22. 8. 1949
Lennig, Walter, Da sah die Welt die Folgen schon
Sonntag, Berlin, 15. 1. 1949
Linfert, Carl, Ein Krieg, der sich verschnaufen muß
Der Kurier, Berlin, 10. 1. 1949

Linfert, Carl, Unglück und großer Zorn
Der Kurier, Berlin, 13. 1. 1949
Luft, Friedrich, Bertolt Brechts Berliner Wiederkehr
Die Neue Zeitung, München, 15. 1. 1949
LM, »Der gemeine Mann hat kein'n Gewinn«
Spandauer Volksblatt, Berlin-Spandau, 13. 1. 1949
Mann, H. R., Der Moloch Krieg
National-Zeitung, Berlin, 13. 1. 1949
Mattheus, Richard, Totentanz des Krieges
Der Sozialdemokrat, Berlin, 13. 1. 1949
Müllereisert, Otto, Von der »Dreigroschenoper« zu »Mutter Courage«
Leipziger Volkszeitung, 29. 12. 1948
M. S., Eine große Friedensdichtung
Sonntag, Berlin, 23. 9. 1951
Norden, Adalbert, Mutter Courage
Berliner Palette, 28. 1. 1949
Pollatschek, Walther, Hundertmal »Mutter Courage«
Tägliche Rundschau, Berlin, 20. 9. 1951
Rilla, Paul, Gegen den deutschen Kriegsmythos
Berliner Zeitung, 13. 1. 1949
Rudolph, Johanna, Er hält der Zeit den Spiegel vor
Deutschlands Stimme, Berlin, 23. 1. 1949
rü., Zum 100. Mal die »Courage«
Berliner Zeitung, 15. 9. 1951
Schachne Kozuszek, Lucie, »Mutter Courage und ihre Kinder«
Der Weg, Berlin, 21. 1. 1949
Schimming, Wolfgang, Brecht und Sartre auf Berliner Bühnen
Rheinische Post, Düsseldorf, 22. 1. 1949
Schimming, Wolfgang, Brecht und Engel führen Regie
Süddeutsche Zeitung, München, 27. 1. 1949
Schröder, Max, Bertolt Brecht
Neues Deutschland, Berlin, 12. 1. 1949
Schröder, Max, »Verflucht sei der Krieg!«
Neues Deutschland, Berlin, 13. 1. 1949
Schröder, Max, Bertolt Brechts Bühnenstil
Neues Deutschland, Berlin, 16. 1. 1949
Schwarz, Eva, Mutter Courage und ihre Kinder
Junge Welt, Berlin, 19. 1. 1949
Schwiefert, Fritz, Chronik und Posse
Der Telegraf, Berlin, 13. 1. 1949

Steiner, Paula, Mutter Courage und ihre Kinder
Die Tagespost, Potsdam, 16. 1. 1949
slf., Brecht-Dessau: Sieben Courage-Lieder
Neues Deutschland, Berlin, 13. 1. 1949
Dr. Sz., Dank dem Dichter und dem Ensemble
B. Z. am Abend, Berlin, 15. 9. 1951
Victor, Walther, Die Menschen, nicht die Steine!
Die Weltbühne, Berlin, 18. 1. 1949
Wiegler, Paul, Jubel um Brecht im Deutschen Theater
Nacht-Expreß, Berlin, 12. 1. 1949
Wilfert, Hans, Das Leiden am Krieg
Neue Zeit, Berlin, 13. 1. 1949
Witthaus, Wernher, Brecht: Mutter Courage und ihre Kinder
Westdeutsche Zeitung, Köln, 30. 9. 1949
W. F., Courage
Der Tag, Berlin, 13. 1. 1949
Ypsi, Am Krieg verdienen nur die Großen!
Neue Zeit, Berlin, 18. 9. 1951
Zehder, H., Die große Kapitulation
Die Welt, 13. 1. 1949

München
8. 10. 1950

[anonym] Mut zur »Mutter Courage«
Die Welt, Hamburg, 12. 10. 1950
[anonym] »Mutter Courage und ihre Kinder«
Der Neue Tag, Weiden, 14. 10. 1950
[anonym] Die Stumme ist Sprecherin der Menschenwürde
Velberter Zeitung, 14. 10. 1950
[anonym] Ex oriente pax?
Bayerische Staatszeitung und Bayerischer Staatsanzeiger, München, 14. 10. 1950
A. D., Lebhafte Herbstwinde über München
Der Allgäuer, Kempten, 10. 10. 1950
Feiler, Max Christian, »Mutter Courage« von Bertolt Brecht
Münchner Merkur, 10. 10. 1950
K. R. D., Brechts »Mutter Courage« in München
Württembergische Abendzeitung, Stuttgart, 14. 10. 1950
Reck-Malleczewen, Juliane, »Mutter Courage«
Schwäbische Donauzeitung, Ulm, 12. 10. 1950
Rode, Heinz, »Mutter Courage« heute
Die Neue Zeitung, München, 10. 10. 1950

	Ruppel, K. H., Bertolt Brechts »Mutter Courage und ihre Kinder« Süddeutsche Zeitung, München, 10. 10. 1950 *W. F.*, Courage Süddeutsche Zeitung, München, 10. 10. 1950
Göttingen 22. 9. 1956	*[anonym]* Großer Erfolg für Hilpert und Brechts »Mutter Courage« Grafschafter Nachrichten, Nordhorn, 27. 9. 1956 *C. K.*, »Mutter Courage und ihre Kinder« Kasseler Zeitung, 24. 9. 1956 *Edel, Peter*, Shakespeare und Brecht in Göttingen BZ am Abend, 8. 2. 1957 *Fehse, Willi*, Hilpert und »Mutter Courage« gefeiert Goslarsche Zeitung, 27. 9. 1956 *Guggenheimer, W. M.*, Brecht und die Proteste Neue Rhein-Zeitung, Köln, 29. 9. 1957 *Ihering, Herbert*, Tradition und Fortschritt des deutschen Theaters Sonntag, Berlin, 18. 11. 1956 *Koch, Heinz*, »Mutter Courage« Göttinger Tageblatt, 24. 9. 1956 *G. Ru.*, Brechts Demaskierung des Krieges Die Welt, Essen, 28. 9. 1956 *Stresau, Hermann*, Mutter Courage im Göttinger Deutschen Theater Frankfurter Allgemeine, 28. 9. 1956

Bemerkungen zu diesem Band

»Mutter Courage und ihre Kinder« gehört zu den Stücken Brechts, die an den meisten Bühnen aufgeführt worden sind. Dieser Band soll vor allen Dingen das umfangreiche Material Brechts in einer Zusammenstellung, darüber hinaus aber auch einige wichtige Arbeiten und Rezensionen über das Stück bieten. Mit der Aufführung von »Mutter Courage und ihre Kinder« 1949 am Deutschen Theater Berlin schufen Bertolt Brecht und Erich Engel ein Modell, das von vielen Bühnen benutzt wurde. Es schien nützlich, in den Materialienband die wichtigsten Beiträge der damals geführten Diskussion über Wert und Gefahren der Benutzung von Modellen aufzunehmen.

Für die weiterführende Beschäftigung mit dem Stück wurde ein Verzeichnis der Aufführungen und der deutschen Zeitungsrezensionen über die drei in den Texten hauptsächlich erwähnten Inszenierungen nach der Sammlung des Bertolt-Brecht-Archivs zusammengestellt. Diese Bibliographie wird im einzelnen noch unvollständig sein. Herausgeber und Verlag sind für jeden korrigierenden und ergänzenden Hinweis dankbar.

S. 7. *Die dramaturgische Kurve.* Diese Fabel bezieht sich auf eine frühe Fassung des Stücks.

S. 9. *Das Modellbuch.* Das Modellbuch beschreibt die Inszenierung des Stückes im Deutschen Theater Berlin 1949. Die Anmerkungen zur Aufführung wurden zusammen mit einem Photoband Ruth Berlaus zuerst veröffentlicht in »Mutter Courage und ihre Kinder. Text / Aufführung / Anmerkungen«, Berlin 1956, Redaktion und Gestaltung: Peter Palitzsch. Die einleitenden Bemerkungen wurden um den Abschnitt »Photographie« gekürzt, der die Aufnahmen des Photomodellbuchs kommentiert.

S. 80. *Bemerkungen zu einzelnen Szenen.* Ein Teil dieser Bemerkungen wurden zuerst 1952 veröffentlicht in der *Theaterarbeit.*

S. 86. *Formprobleme des Theaters mit neuem Inhalt.* Zuerst veröffentlicht 1952 in der *Theaterarbeit.*

S. 90. *Das Unglück ist ein schlechter Lehrer.* Geschrieben 1955.

S. 96. *Hemmt die Benutzung des Modells die künstlerische Bewegungsfreiheit?* Der Text enthält Antworten auf Fragen des damaligen Wuppertaler Intendanten Erich Alexander Winds, die er anläßlich der Aufführung des Stückes an seinem Theater (Premiere: 1. Oktober 1949) stellte. Das Gespräch erschien zuerst am 22. September 1949 unter dem Titel »Gespräche mit E. A. Winds über Modellaufführungen« in der »Westdeutschen Rundschau«, Wuppertal. Für die »Theaterarbeit« wurde der Titel von Brecht geändert.

S. 102 ff. *Fehler bei Benutzung von Modellen. – Wie Erich Engel das Modell benutzt. – Wie benutzt der Regisseur Brecht sein eigenes Modell? – Aus der Korrespondenz des Berliner Ensembles. – Die holländische Courage. – Zur Courage-Musik.* Alle Beiträge sind zuerst veröffentlicht 1952 in der *Theaterarbeit.*

S. 114. *Einige Notizen zu den Änderungen bei der Neuinszenierung 1951.* Die Notizen sind dem Probentagebuch Manfred Wekwerths entnommen, das er während der Neuinszenierung des Stückes 1951 geführt hat. Die Texte werden in der 2. Auflage des Materialbandes zum erstenmal veröffentlicht.

S. 122. *Einige couragierte Mitteilungen über »Mutter Courage«.* Der Beitrag erschien in *Theater der Welt,* herausgegeben von Herbert Ihering, Berlin 1949.

S. 125 *Mutter Courage in zweifacher Art dargestellt.* Zuerst 1952 veröffentlicht in der *Theaterarbeit.*

S. 126. *Jubel um Brecht im Deutschen Theater.* Der Beitrag Paul Wieglers erschien als Zeitungsrezension am 12. Januar 1949 im »Nachtexpreß«, Berlin.

S. 129. *Einfühlung oder Kritik?* Käthe Rülicke schrieb den Beitrag für diesen Band.

S. 136. *Über die Verfilmung von »Mutter Courage und ihre Kinder«.* Manfred Wekwerth und Peter Palitzsch, Autoren des Drehbuchs und Regisseure des Courage-Films, schrieben diesen Text 1960 für das Programmheft. Der Beitrag wurde, leicht gekürzt, in die 2. Auflage des Materialbandes aufgenommen.

S. 138. *Die Brechtsche Chronik des Krieges.* Der Beitrag wurde zur Frankfurter Aufführung geschrieben und im »Courage«-Programmheft der Städtischen Bühnen Frankfurt (Premiere 20. 5. 1958) veröffentlicht.

S. 143. *Die Courage der armen Leute.* Kapitel aus dem Aufsatz Franz Norbert Mennemeiers »Mutter Courage und ihre Kinder«. Im vollständigen Wortlaut ist die Arbeit veröffentlicht in: »Das deutsche Drama vom Barock bis zur Gegenwart«, herausgegeben von Benno von Wiese, Düsseldorf 1958, Band II.

S. 149. *Anmerkung zu einer Szene aus »Mutter Courage«.* Der Essay von Hans Mayer erschien zuerst 1952 in der *Theaterarbeit.*

S. 156. *Die Funktion des Songs in »Mutter Courage und ihre Kinder«.* Auszug aus dem größeren Aufsatz Andrzej Wirths »Über die stereometrische Struktur der Brechtschen Stücke«, zuerst veröffentlicht in »Sinn und Form«, 2. Sonderheft Bertolt Brecht, 1957.

S. 164. *Anhang.* Der Anhang wurde in der 2. Auflage erweitert um die *Daten* und das Verzeichnis der vom Brecht-Archiv mitgeteilten *Übersetzer* des Stückes. In die Aufführungsliste sind nur die Inszenierungen aufgenommen, über die im Brecht-Archiv genauere Angaben vorliegen. Die Liste wurde ergänzt.

S. 183. *Rezensionen von Aufführungen.* Die für den Band angefertigte Bibliographie der Rezensionen aller deutschen »Courage«-Aufführungen konnte wegen ihres außerordentlichen Umfangs nicht in den Materialienband aufgenommen werden. Aus der Bibliographie wurden die Aufführungen in Berlin, München und Göttingen ausgewählt, das heißt diejenigen Aufführungen, auf die in den Texten des Bandes verwiesen wird.

Verzeichnis der Abbildungen

Inhalt

Die in eckige Klammern gesetzten Überschriften stammen nicht von Brecht, sondern sind vom Herausgeber nachträglich hinzugefügt.

Gesamtausgabe der Werke Bertolt Brechts im Suhrkamp Verlag

Stücke

Erste Stücke 1922–1926

1 Baal · Trommeln in der Nacht · Im Dickicht der Städte

2 Leben Eduards des Zweiten von England (nach Marlowe) · Mann ist Mann

Stücke für das Theater am Schiffbauerdamm 1927–1933

3 Die Dreigroschenoper · Aufstieg und Fall der Stadt Mahagonny · Das Badener Lehrstück vom Einverständnis

4 Die heilige Johanna der Schlachthöfe · Der Jasager – der Neinsager · Die Maßnahme

5 Die Mutter · Die Ausnahme und die Regel · Die Horatier und die Kuratier

Stücke aus dem Exil 1933–1945

6 Die Rundköpfe und die Spitzköpfe · Furcht und Elend des Dritten Reiches

7 Die Gewehre der Frau Carrar · Mutter Courage und ihre Kinder · Das Verhör des Lukullus

8 Leben des Galilei · Der gute Mensch von Sezuan

9 Herr Puntila und sein Knecht Matti · Der aufhaltsame Aufstieg des Arturo Ui · Die Gesichte der Simone Machard

10 Schweyk im zweiten Weltkrieg · Der kaukasische Kreidekreis · Die Tage der Commune

Bearbeitungen

11 Die Antigone des Sophokles · Der Hofmeister (nach Lenz) · Coriolanus (nach Shakespeare)

12 Der Prozeß der Jeanne d'Arc zu Rouen 1431 (nach Anna Seghers) · Don Juan (nach Molière) · Pauken und Trompeten (nach Farquhar)

Einakter und Stücke aus dem Nachlaß

13 Die Kleinbürgerhochzeit · Der Bettler oder Der tote Hund · Er treibt den Teufel aus · Lux in tenebris · Der Fischzug · Dansen · Was kostet das Eisen?

14 Turandot oder Der Kongreß der Weißwäscher

Schriften zum Theater

1 1918–1933 Augsburger Theaterkritiken · Über das alte Theater · Der Weg zum zeitgenössischen Theater

2 1918–1933 Aus Notizbüchern · Anmerkungen zu den Stücken · Über Film · Über Kritik

3 1933–1947 Über eine nichtaristokratische Dramatik · Neue Technik der Schauspielkunst · Der Bühnenbau des epischen Theaters · Über Bühnen- und Filmmusik

4 1933–1947 Über den Beruf des Schauspielers · Anmerkungen zu den Stücken · Der Galilei des Laughton

5 1937–1951 Der Messingkauf · Übungsstücke für Schauspieler · Gedichte aus dem Messingkauf

6 1948–1956 Antigonemodell 1948 · Couragemodell 1949 · Über die Benutzung von Modellen · Neue Technik der Schauspielkunst · Anmerkungen zu Stücken und Aufführungen

7 1948–1956 Kleines Organon für das Theater · Katzgraben-Notate · Stanislawski-Studien · Dialektik auf dem Theater

Gedichte

1 1918–1929 Hauspostille · Aus einem Lesebuch für Städtebewohner · Geschichten aus der Revolution

2 1913–1939 Unveröffentlichte und nicht in Sammlungen enthaltene Gedichte

3 1930–1933 Gedichte, Lieder, Chöre · Die drei Soldaten · Die sieben Todsünden der Kleinbürger

4 1933–1941 Svendborger Gedichte · Gedichte aus dem Messingkauf · Studien · Chinesische Gedichte

5 1934–1941 Unveröffentlichte und nicht in Sammlungen enthaltene Gedichte · Gedichte und Lieder aus Stücken

6 1941–1947 Gedichte im Exil · In Sammlungen nicht enthaltene Gedichte · Gedichte und Lieder aus Stücken

7 1947–1956 Buckower Elegien · In Sammlungen nicht enthaltene Gedichte · Gedichte und Lieder aus letzten Stücken

8 1913–1956 Nachträge zu den Gedichten

9 1913–1956 Nachträge zu den Gedichten · Gedichte und Lieder aus Stücken und anderen Arbeiten · Gedichte über Stücke · Fragmente

10 Nachträge zu Gedichten · Letzte Fassungen von Gedichten · Übersetzungen – Bearbeitungen – Nachdichtungen · Anmerkungen zu den Gedichten 1–10

Prosa

1 1913–1948 Geschichten 1
Unveröffentlichte und nicht in Sammlungen enthaltene Geschichten · Eulenspiegelgeschichten
2 1930–1956 Geschichten 2
Kalendergeschichten · Geschichten vom Herrn Keuner · Flüchtlingsgespräche
3 1933–1934 Dreigroschenroman
4 1938–1939 Die Geschäfte des Herrn Julius Caesar
5 1934–1956 Me-ti. Buch der Wendungen

Schriften zur Literatur und Kunst

1 1920–1932 Aus Notizbüchern · Über alte und neue Kunst · Radiotheorie · Der Dreigroschenprozeß
2 1934–1941 Kunst und Politik · Bemerkungen zur bildenden Kunst · Über Realismus
3 1934–1956 Anmerkungen zur literarischen Arbeit · Aufsätze zur Literatur · Die Künste in der Umwälzung

Außerhalb der Gesamtausgabe erschienen im Suhrkamp Verlag

Versuche

1 Der Ozeanflug · Radiotheorie · Geschichten vom Herrn Keuner · Fatzer, 3
2 Aufstieg und Fall der Stadt Mahagonny · Über die Oper · Aus dem Lesebuch für Städtebewohner · Das Badener Lehrstück
3 Die Dreigroschenoper · Der Dreigroschenfilm · Der Dreigroschenprozeß
4 Der Jasager und der Neinsager · Die Maßnahme
5 Die heilige Johanna der Schlachthöfe · Geschichten vom Herrn Keuner
6 Die drei Soldaten (mit Zeichnungen von George Grosz)
7 Die Mutter (nach Gorki) · Geschichten aus der Revolution
8 Die Spitzköpfe und die Rundköpfe
9 Mutter Courage und ihre Kinder · Fünf Schwierigkeiten beim Schreiben der Wahrheit
10 Herr Puntila und sein Knecht Matti · Chinesische Gedichte · Anmerkungen zum Volksstück · Die Straßenszene · Die Ausnahme und die Regel

11 Der Hofmeister · Studien · Neue Technik der Schauspielkunst · Übungsstücke für Schauspieler · Das Verhör des Lukullus
12 Der gute Mensch von Sezuan · Kleines Organon für das Theater · Über reimlose Lyrik mit regelmäßigen Rhythmen · Geschichten vom Herrn Keuner
13 Der kaukasische Kreidekreis · Weite und Vielfalt der realistischen Schreibweise · Buckower Elegien
14 Leben des Galilei · Gedichte aus dem Messingkauf · Die Horatier und die Kuratier
15 Die Tage der Commune · Die Dialektik auf dem Theater · Zu ›Leben des Galilei‹ · Drei Reden · Zwei Briefe

Bibliothek Suhrkamp

Bertolt Brechts Hauspostille · Bertolt Brechts Gedichte und Lieder · Schriften zum Theater · Flüchtlingsgespräche · Geschichten · Turandot · Schriften zur Politik · Die Bibel

edition suhrkamp

Leben des Galilei · Gedichte und Lieder aus Stücken · Aufstieg und Fall der Stadt Mahagonny · Der kaukasische Kreidekreis · Materialien zu Brechts ›Leben des Galilei‹ · Mutter Courage und ihre Kinder · Materialien zu Brechts ›Mutter Courage und ihre Kinder‹ · Der gute Mensch von Sezuan · Über Lyrik · Ausgewählte Gedichte · Herr Puntila und sein Knecht Matti · Die heilige Johanna der Schlachthöfe · Schweyk im zweiten Weltkrieg · Die Antigone des Sophokles/Materialien zur ›Antigone‹ · Der aufhaltsame Aufstieg des Arturo Ui · Materialien zu Brechts ›Der kaukasische Kreidekreis‹ · Die Tage der Commune · Baal. Drei Fassungen · Leben Eduards des Zweiten von England. Vorlage, Texte und Materialien · Im Dickicht der Städte. Fassungen und Materialien · Materialien zu ›Der gute Mensch von Sezuan‹ · Baal. Der böse Baal der asoziale. Texte, Varianten, Materialien · Die Dreigroschenoper · Mann ist Mann · Materialien zu Bertolt Brechts ›Die Mutter‹ · Der Brotladen. Ein Stückfragment. Die Bühnenfassung und Texte aus dem Fragment · Kuhle Wampe. Protokoll des Films und Materialien · Die Gesichte der Simone Machard · Furcht und Elend des Dritten Reiches · Über Realismus · Über den Beruf des Schauspielers · Über Politik und Kunst

Bertolt Brechts Dreigroschenoper mit Schallplatte ›Bertolt Brecht singt‹
Theaterarbeit. Sechs Aufführungen des Berliner Ensembles
Die sieben Todsünden der Kleinbürger

Bertolt Brecht Gesammelte Werke

Werkausgabe in 20 Bänden
Herausgegeben vom Suhrkamp Verlag in Zusammenarbeit mit Elisabeth Hauptmann. Neu durchgesehene und neu geordnete Ausgabe. Leinenkaschiert. Kassette.

Aufbau der Bände:
Bände 1–7 Stücke, Bearbeitungen, Einakter, Fragmente. 8–10 Gedichte. 11–14 Geschichten, Romane, *Me-ti, Tui, Flüchtlingsgespräche.* 15–17 Schriften 1 (zum Theater). 18–20 Schriften 2 (zur Literatur, Kunst, Politik und Gesellschaft).

Dünndruckausgabe in 8 Bänden

Herausgegeben vom Suhrkamp Verlag in Zusammenarbeit mit Elisabeth Hauptmann. Neu durchgesehene und neu geordnete Ausgabe. Leinen und Leder. Kassette.

Aufbau der Bände:
Bände 1–3 Stücke, Bearbeitungen, Einakter, Fragmente. 4 Gedichte. 5–6 Geschichten, Romane, *Me-ti, Tui, Flüchtlingsgespräche.* 7–8 Schriften (zum Theater, zur Literatur, Kunst, Politik und Gesellschaft).

Beide Ausgaben präsentieren das Gesamtwerk Brechts neu und handlich. Alle Texte wurden neu durchgesehen: Die Anmerkungen enthalten werkgeschichtliche Fakten und die Änderungen gegenüber früheren Ausgaben. Zum ersten Mal werden veröffentlicht: Der *Tui*-Roman, *Turandot oder Der Kongreß der Weißwäscher,* acht Fragmente, etwa 250 Seiten Schriften zur Politik und Gesellschaft. Die Texte beider Ausgaben sind identisch. Die Bände weichen voneinander ab in der Einteilung, sowie im Format, in der Ausstattung und im Preis.

602 Hans Magnus Enzensberger, Mausoleum
603 Stanisław Lem, Golem XIV
604 Max Frisch, Der Traum des Apothekers von Locarno
605 Ludwig Hohl, Vom Arbeiten · Bild
606 Herman Bang, Exzentrische Existenzen
607 Guillaume Apollinaire, Bestiarium
608 Hermann Hesse, Klingsors letzter Sommer
609 René Schickele, Die Witwe Bosca
610 Machado de Assis, Der Irrenarzt
611 Wladimir Trendrjakow, Die Nacht nach der Entlassung
612 Peter Handke, Die Angst des Tormanns beim Elfmeter
613 André Gide, Die Aufzeichnungen und Gedichte des André Walter
614 Bernhard Guttmann, Das alte Ohr
616 Ludwig Wittgenstein, Bemerkungen über die Farbe
617 Paul Nizon, Stolz
618 Alexander Lernet-Holenia, Die Auferstehung des Maltravers
619 Jean Tardieu, Mein imaginäres Museum
620 Arno Holz / Johannes Schlaf, Papa Hamlet
621 Hans Erich Nossack, Vier Etüden
622 Reinhold Schneider, Las Casas vor Karl V.
624 Ludwig Hohl, Bergfahrt
627 Vladimir Nabokov, Lushins Verteidigung
628 Donald Barthelme, Komm wieder, Dr. Caligari
629 Louis Aragon, Libertinage, die Ausschweifung
630 Ödön von Horváth, Sechsunddreißig Stunden
631 Bernhard Shaw, Sozialismus für Millionäre
633 Lloyd deMause, Über die Geschichte der Kindheit
634 Rainer Maria Rilke, Die Sonette an Orpheus
635 Aldous Huxley, Das Lächeln der Gioconda
637 Wolf von Niebelschütz, Über Dichtung
638 Henry de Montherlant, Die kleine Infantin
639 Yasushi Inoue, Eroberungszüge
640 August Strindberg, Das rote Zimmer
641 Ernst Simon, Entscheidung zum Judentum
642 Albert Ehrenstein, Briefe an Gott
645 Marie Luise Kaschnitz, Beschreibung eines Dorfes
646 Thomas Bernhard, Der Weltverbesserer
647 Wolfgang Hildesheimer, Exerzitien mit Papst Johannes
648 Volker Braun, Unvollendete Geschiche
649 Hans Carossa, Ein Tag im Spätsommer 1947
651 Regina Ullmann, Ausgewählte Erzählungen
652 Stéphane Mallarmé, Eines Faunen Nachmittag
653 Flann O'Brien, Das harte Leben
654 Valery Larbaud, Fermina Márquez
671 Yehudi Menuhin, Kunst und Wissenschaft als verwandte Begriffe

edition suhrkamp

801 Wlodzimierz Brus, Sozialistisches Eigentum und politisches System
802 Johannes Gröll, Erziehung im gesellschaftlichen Reproduktionsprozeß
803 Rainer Werner Fassbinder, Stücke 3
804 James K. Lyon, Bertolt Brecht und Rudyard Kipling
805 Agnes Heller, Das Alltagsleben. Herausgegeben von Hans Joas
806 Gesellschaft, Beiträge zur Marxschen Theorie 6
807 Gilles Deleuze/Félix Guattari, Kafka. Für eine kleine Literatur
808 Ulrike Prokop, Weiblicher Lebenszusammenhang
809 G. Heinsohn / B. M. C. Knieper, Spielpädagogik
810 Mario Cogoy, Wertstruktur und Preisstruktur
811 Ror Wolf, Auf der Suche nach Doktor Q.
812 Oskar Negt, Keine Demokratie ohne Sozialismus
813 Bachrach/Baratz, Macht und Armut
814 Bloch/Braudel/L. Febvre u. a., Schrift und Materie der Geschichte
815 Giselher Rüpke, Schwangerschaftsabbruch und Grundgesetz
816 Rainer Zoll, Der Doppelcharakter der Gewerkschaften
817 Bertolt Brecht, Drei Lehrstücke: Badener Lehrstück, Rundköpfe, Ausnahme und Regel
818 Gustav Landauer, Erkenntnis und Befreiung
819 Alexander Kluge, Neue Geschichten. Hefte 1-18
820 Wolfgang Abendroth, Ein Leben in der Arbeiterbewegung
821 Otto Kirchheimer, Von der Weimarer Demokratie zum Faschismus
822 Verfassung, Verfassungsgerichtsbarkeit, Politik. Herausgegeben von Mehdi Tohidipur
823 Rossana Rossanda / Lucio Magri u. a., Der lange Marsch durch die Krise
824 Altvater/Basso/Mattick/Offe u. a., Rahmenbedingungen und Schranken staatlichen Handelns
825 Diskussion der ›Theorie der Avantgarde‹. Herausgegeben von W. Martin Lüdke
826 Fischer-Seidel, James Joyces »Ulysses«
827 Gesellschaft, Beiträge zur Marxschen Theorie 7
828 Rolf Knieper, Weltmarkt, Wirtschaftsrecht und Nationalstaat
829 Michael Müller, Die Verdrängung des Ornaments
830 Manuela du Bois-Reymond, Verkehrsformen zwischen Elternhaus und Schule
831 Henri Lefebvre, Einführung in die Modernität
832 Herbert Claas, Die politische Ästhetik Bertolt Brechts vom Baal zum Caesar
833 Peter Weiss, Dramen I
834 Friedensanalysen 2
835-838 Bertolt Brecht, Gedichte in 4 Bänden
839 Géza Róheim, Psychoanalyse und Anthropologie
840 Aus der Zeit der Verzweiflung. Beiträge von Becker/Bovenschen/Brackert u. a.

841 Fernando H. Cardoso/Enzo Faletto, Abhängigkeit und Entwicklung in Lateinamerika
842 Alexander Herzen, Die gescheiterte Revolution
844 Otthein Rammstedt, Soziale Bewegung
845 Ror Wolf, Die Gefährlichkeit der großen Ebene
847 Friedensanalysen 3
848 Dieter Wellershoff, Die Auflösung des Kunstbegriffs
849 Samuel Beckett, Glückliche Tage
850 Basil Bernstein, Beiträge zu einer Theorie
851 Hobsbawm/Napolitano, Auf dem Weg zum ›historischen Kompromiß‹
852 Über Max Frisch II
853 Brecht-Jahrbuch 1976
854 Julius Fučík, Reportage unter dem Strang geschrieben
856 Dieter Senghaas, Weltwirtschaftsordnung und Entwicklung
857 Peter V. Zima, Kritik der Literatursoziologie
858 Silvio Blatter, Genormte Tage, verschüttete Zeit
859 Russell Jacoby, Soziale Amnesie
860 Gombrich/Hochberg/Black, Kunst, Wahrnehmung, Wirklichkeit
861 Blanke/Offe/Ronge u.a., Bürgerlicher Staat und politische Legitimation. Herausgegeben von Rolf Ebbighausen
863 Gesellschaft, Beiträge zur Marxschen Theorie 8/9
864 Über Wolfgang Koeppen. Herausgegeben von Ulrich Greiner
865 Gesellschaft 12
866 Fichant/Pêcheux, Überlegungen zur Wissenschaftsgeschichte
867 Ernst Kris, Die ästhetische Illusion
868 Brede/Dietrich/Kohaupt, Politische Ökonomie des Bodens
870 Umwälzung einer Gesellschaft. Herausgegeben von Richard Lorenz
871 Friedensanalysen 4
872 Piven/Cloward, Regulierung der Armut
873 Produktion, Arbeit, Sozialisation. Herausgegeben von Th. Leithäuser und W. R. Heinz
874 Max Frisch/Hartmut von Hentig, Zwei Reden zum Friedenspreis des Deutschen Buchhandels 1976
875 Eike Hennig, Bürgerliche Gesellschaft und Faschismus in Deutschland
876 Bolius, Erziehungsroman
877 Starnberger Studien 1
878 Leithäuser/Volmerg/Wutka, Entwurf zu einer Empirie
879 Peter Bürger, Aktualität und Geschichtlichkeit
880 Tilmann Moser, Verstehen, Urteilen, Verurteilen
881 Loch/Kernberg u. a., Psychoanalyse im Wandel
882 Michael T. Siegert, Strukturbedingungen von Familienkonflikten
883 Erwin Piscator, Theater der Auseinandersetzung
884 Politik der Subjektivität. Texte der italienischen Frauenbewegung, Herausgegeben von Michaela Wunderle
885 Hans Dieter Zimmermann, Vom Nutzen der Literatur

886 Gesellschaft, Beiträge zur Marxschen Theorie 10
887 Über Hans Mayer, Herausgegeben von Inge Jens
888 Nicos Poulantzas, Die Krise der Diktaturen
889 Alexander Weiß, Bericht aus der Klinik
890 Bergk/Ewald/Fichte u. a., Aufklärung und Gedankenfreiheit. Herausgegeben und eingeleitet von Zwi Batscha
891 Friedensanalysen 5
892 Franz L. Neumann, Wirtschaft, Staat, Demokratie
893 Georges Politzer, Kritik der Grundlagen der Psychologie
895 Umberto Eco, Zeichen. Einführung in einen Begriff und seine Geschichte
897 Ralph-Rainer Wuthenow, Muse, Maske, Meduse
898 Cohen/Taylor, Ausbruchversuche. Identität und Widerstand
901 Der bürgerliche Rechtsstaat. Herausgegeben von Mehdi Tohidipur
902 Ernest Borneman, Psychoanalyse des Geldes
903 Steven Marcus, Umkehrung der Moral
904 Alfred Sohn-Rethel, Warenform und Denkform
905 Beiträge zur Soziologie der Gewerkschaften. Hrsg. von Joachim Bergmann
906 Brecht-Jahrbuch 1977
907 Horst Kern, Michael Schumann, Industriearbeit und Arbeiterbewußtsein
908 Julian Przybós, Werkzeug aus Licht
910 Peter Weiss, Stücke II
913 Martin Walser, Das Sauspiel mit Materialien. Herausgegeben von Werner Brändle
916 Dürkop/Hardtmann (Hrsg.), Frauen im Gefängnis
917 Bowles S./Gintis H., Pädagogik und die Widersprüche der Ökonomie
918 Klaus-Martin Groth, Die Krise der Staatsfinanzen
920 Tagträume vom aufrechten Gang. Sechs Interviews mit Ernst Bloch, Herausgegeben von Arno Münster
921 Silvia Bovenschen, Die imaginierte Weiblichkeit
922 Anderson, Von der Antike zum Feudalismus
923 Sozialdemokratische Arbeiterbewegung, Band 1, Herausgegeben von Wolfgang Luthardt
925 Friedensanalysen 6
927 Ausgewählte Gedichte Brechts, Herausgegeben von Walter Hinck
928 Betty Nance Weber, Brechts ›Kreidekreis‹
929 Auf Anregung Bertolt Brechts: Lehrstücke. Herausgegeben von Reiner Steinweg
930 Walter Benjamin, Briefe 1 und 2. Herausgegeben von Gershom Scholem und Theodor W. Adorno
932 Jugendarbeitslosigkeit. Herausgegeben von Gero Lenhardt
933 Ute Gerhard, Verhältnisse und Verhinderungen
934 Sozialdemokratische Arbeiterbewegung, Band 2, Herausgegeben von Wolfgang Luthardt
935 Literatur ist Utopie. Herausgegeben von Gert Ueding
936 Berger/Heßler/Kavemann, Brot für heute, Hunger für morgen

937 Labrousse, Lefebvre, Soboul u. a. Geburt der bürgerlichen Gesellschaft 1789. Herausgegeben von I. A. Hartig
938 Habermas, Bovenschen u. a., Gespräche mit Marcuse
939 Thomas Brasch, Rotter Und weiter
940 Simone Weil, Fabriktagebuch
941 Ute Volmerg, Identität und Arbeitserfahrung
942 Klaus Eßer, Lateinamerika
943 Gewerkschaften und Strafvollzug, Hrsg. v. Lüderssen u. a.
944 Alexander von Brünneck, Politische Justiz
945 Jacques Derrida, Die Stimme und das Phänomen
948 Thompson/Caspard/Puls; Alltagspraxis, Wahrnehmungsformen, Protestverhalten
949 Julia Kristeva, Die Revolution der poetischen Sprache
954 Elias/Lepenies, Zwei Reden. Theodor W. Adorno-Preis 1977
955 Friedensanalysen 7
956 Brecht-Jahrbuch 1978. Hrsg. Fuegi/Grimm/Hermand
957 Gesellschaft, Beiträge zur Marxschen Theorie 11
958 Friedensanalysen 8
959 Martin Walser, Wer ist ein Schriftsteller?
960 Albert Soboul, Französische Revolution und Volksbewegung
962 Bettelheim/Mészarós/Rossanda u. a., Zurückforderung der Zukunft
963 Starnberger Studien 2
964 Nach dem Protest. Literatur im Umbruch. Herausgegeben von W. Martin Lüdke
966 Kern, Kampf um Arbeitsbedingungen
968 Frauen, die pfeifen. Herausgegeben von R. Geiger, H. Holinka, C. Rosenkranz, S. Weigel
969 Ernst Bloch, Die Lehren von der Materie
970 Giuliano Scabia, Das große Theater des Marco Cavallo
971 Siegfried Kracauer, Jacques Offenbach
974 Jirí Kosta, Abriß der sozialökonomischen Entwicklung der Tschechoslowakei 1945-1977
975 Nathan, Ideologie, Sexualität und Neurose
976 Bernd Jürgen Warneken, Literarische Produktion
979 Bertolt Brecht, Tagebücher 1920-1922
981 Jeanne Favret-Saada, Die Wörter, der Zauber, der Tod
983 Bassam Tibi, Internationale Politik und Entwicklungsländer-Forschung
984 Dieter Kühn, Löwenmusik
985 Agnes Schoch, Vorarbeiten zu einer pädagogischen Kommunikationstheorie
987 Augusto Boal, Theater der Unterdrückten
989 Brecht-Jahrbuch 1979
992 Naturalismus/Ästhetizismus. Herausgegeben von Bürger/Schutte-Sasse
996 Starnberger Studien 3
1000 Stichworte zur ›Geistigen Situation der Zeit‹ 1. Band, Nation und Republik; 2. Band, Politik und Kultur. Herausgegeben von Jürgen Habermas.

Alphabetisches Verzeichnis der edition suhrkamp